ライフキャリアデザイン研修
実践ワーク集 ◉リーダー層が輝く働き方・生き方設計

ライフデザイン研究所 所長
畔柳 修◉著
Kuroyanagi Osamu

金子書房

はじめに

　ヨーロッパに、次のような寓話があります。

　若い伐採職人は毎日何本も木を切り続けていましたが、とうとう1日に1本の木しか切れなくなってしまいました。

　親方は若い職人に「おまえは斧を磨いているか」と尋ねました。

　若い職人は「いいえ、毎日、忙し過ぎてそんな暇はありません」と答えました。

　若い職人は、目の前の木を切ることだけに没頭し、斧を磨くことを怠っていたのです。

　激変するスピードの時代に生きる私たちに、この寓話は次のように語りかけてくれます。

　「あまりにも忙しい毎日を生きているため、じっくり自分に向かい合い、自己との対話（内省）をすることもなく、次々と目の前の木を切ることだけに懸命になってはいないだろうか」……と。

　前に進むことばかりを良しとせず、じっくりと立ち止まり、自分のこれまでの生き方やかかわり方を見つめふりかえることが大切な時代に差しかかってきました。わたしはどこにいるのか、どこに向かおうとしているのか、どのような人生を望んでいるのか……。階段に踊り場があるように、私たちの人生にも何度か踊り場が必要なのです。

　人生を豊かにできるかどうかは、自分が自分についてどのように把握しているか、また、どの程度、自分を理解しているかにかかっています。なぜなら、自分をしっかり理解していれば、なにを始め、なにに取り組んだらよいかなど、さほど迷うことはないからです。

　自己発見とは、新しい自分を探すことではなく、いままでの自分、これからの自分を"新しい眼"で見ていくことです。

　本書が、"新しい眼"でリーダー層の方の内面を見つめる扉となれば、このうえない喜びです。

ライフデザイン研究所

畔柳　修

目次

はじめに…… i

第1章

求められるライフキャリアデザイン ……………2

『思秋期』自我に目覚める「人生の転換期」…………2

アイデンティティの問い直し…………4

転機への対処法…………9

第1段階「変化を見定める」…………9

第2段階「リソース（資源）を点検する」…………10

第3段階「受けとめ、対処する」…………12

第2章

アイスブレイク〜ワークショップへの助走〜 …………13

ライフキャリアデザイン研修のフロー…………13

研修の目的を達成するためのアイスブレイク…………16

ミニワーク①　チェックインPart 1…………17

ミニワーク②　チェックインPart 2…………17

ミニワーク③　職業当てクイズ♪…………18

ミニワーク④　"わたしの常識"を超えた発想…………19

ミニワーク⑤　思考の省略化…………20

ミニワーク⑥　転機を乗り越えた思い出…………21

ミニワーク ⑦	最も成長した出来事…………22
ミニワーク ⑧	妖精への願いごと…………23
ミニワーク ⑨	わたしが遺していくもの…………23
ミニワーク ⑩	わたしの人生観（人生哲学）、幸福感…………24

第3章

できること「SEEDS」の自己理解…………26

ワーク ① Myヒストリー〔キャリアの軌跡〕…………26

語り合いが新たな意味を生み出す…………35

ワーク ② 価値観の翻訳…………40

ワーク2実施後のアイスブレイク…………46

ワーク ③ ワールド・カフェ「生きる意味・働く価値を問う」…………47

「生きがい感」と「幸福感」の違い…………55

ワーク ④ わたしとは何者か…………58

ワーク ⑤ ライフキャリア・ネットワーク…………61

第4章

求められること「NEEDS」の自己理解……68

ワーク ⑥ リーダーとしての在り方…………68

ワーク ⑦ 環境予測と求められる人材…………74

第5章
想い「WANTS」の創造 ································79

ワーク❽ 10年後のライフキャリア・バランス···········79

「ライフ・キャリア・レインボー」··········81

余暇について··········83

ワーク❾ 4つのLの再設計··········86

「統合的人生設計」··········88

統合的人生設計における6つの重要な課題··········89

ワーク❿ ライフキャリア・キャンペーン目録··········91

ワーク⓫ 語り尽くすライフキャリア・ビジョン··········94

ヒーローインタビュー··········97

ワーク⓬ 未来予想図··········101

ワーク⓭ ライフキャリア・プランニング··········106

文献······110

おわりに······114

ライフキャリアデザイン研修　実践ワーク集
リーダー層が輝く働き方・生き方設計

第 **1** 章

求められる
ライフキャリアデザイン

『思秋期』自我に目覚める「人生の転換期」

　本書は、若手・中堅社員の上司先輩であるリーダー層（中年企業人）を読者対象としています。前著『キャリアデザイン研修 実践ワークブック―若手・中堅社員の成長のために―』の第2弾です。

　リーダー層は、就職して20年余り、自分の仕事についてはベテランであるという自覚を持つ一方、この先、どのような業績を上げられるか、どれほどの地位につけるかという先の見通しも徐々に見え始め、若手や中堅とは違い、先がリアルに見えてくる年代です。

　また、仕事以外に、年齢的にもそれほど若くないと感じ始め、あとどのくらい活躍でき、その後、どのようにビジネスマンとして終焉を迎えるかなど、自分の生き方はこれでよいのだろうか、本当に納得できる人生とはなんだろうかと、改めて自分の生き方をふりかえり、問い直す時期といえます。

　カール・グスタフ・ユングはこの時期を人生の正午といい、最もストレスが重くのしかかる時期としています。そのような時期を過ごされるリーダー層の方々に、それでもなお、自身のライフキャリアについて、あがき、もがいていただきたいという願いを持って書き綴らせていただきます。

　この年代の特徴として、以下のようなことが挙げられます。
- いままでのビジネス経験の上に最高の実績を上げられる時期
- 格差（出世や収入など）の大きくなる年代
- 管理職になる時期であるとともに、家庭における教育費など、企業においても家庭においても背負うものが多くなる時期
- 自己の有限性の自覚……「人生の正午」であるとともにビジネス生活も20年余り経過し、自分の生き方（人生）を問い直す時期
- 自分の先（将来）は見えたと感じるか、新しい自分を創造するか、戸惑い、葛藤する時期
- 新たなアイデンティティ（より納得できる自分の在り方・生き方）を獲得していく時期
- 多くの役割を持つことから、多忙な時期（例：マネジャー、夫、父親、子ども、上司、技術者

......）

また、この年代のネガティブな実感として、以下のようなことが挙げられます。

- 自分にはやり残したことがある。自分のためにもっと正直に生きたい
- このまま流されて歳を重ねるだけでいいのだろうか
- 自分はもう若くないと感じる
- 以前に比べて、健康に対する関心が増してきた
- 疲労回復が遅い、酒に弱くなった、睡眠不足がこたえるなど、老化や体力の衰えを感じる
- 近親者や知人友人の死によって、自分の寿命はあと何年くらいかと考えることがある
- 自分の年齢から考えると、なにか新しいことを始めたり、チャレンジするにはもう遅すぎると感じる
- これから将来、自分が元気で働ける年月（時間）には限りがあると感じる
- 以前のように仕事に集中できないし、その体力もない
- 会社の肩書や名刺を失ったとき、どう自分を語れるだろう
- これから将来、自分のできる仕事（業績）や出世などに限界を感じる

「もう若くはない。しかし、まだ若い」という二律背反の複雑な心境の中で自分を見つめ直し、再度、後半の人生に向けて「自分探し」を始める時期にあたります。

「そろそろ歳だなぁ」と感じるエピソードが日常生活の中で次第に顕在化し始め、「このまま流されていいのだろうか」「このままでは終わりたくない」「まだまだ若手や中堅には負けられない」「自分にはまだやり残していることがある」「自分のために正直に生きたい」など、強い欲求や感情が内面から突き上げるように頭を持ち上げてくる感覚を体感する人も多くいます。

この感覚は、これまでの自分の在り方、生き方ではもはや自分を支えきれないという自覚であり、アイデンティティそのものの危機といえます。

ちょうど思春期を迎えた若者が身体の変化とともに自我に目覚めるのと同じように、リーダー層においても自分自身への内省や洞察が始まります。この時期を若者は「思春期」と呼ぶのに対して、リーダー層の年代は「思秋期」と呼び、ともに自我に目覚める「人生の転換期」なのです。

ユングはこの時期を「人生の正午」とし、「われわれは人生の朝のプログラムに従って人生の午後を生きることはできない」「午前の上る太陽の勢いはすさまじいが、その勢いゆえに背景に追いやったもの、影になってしまったものを、しっかり統合していくことが人生の正午以降の課題である。正午より後には、午前には影だったところにも光が当たる。統合というテーマを起点にして、深い意味で、真の個性化は、40歳以降に始まる。午後のキャリアの最も重要な特徴は、"個性化"であり、競争して勝つとか、世の中の評価を気にするという主に午前のキャリアを超え、自分自身がどれだけ満足し、納得できるキャリアであるかどうかこそが重要である」と述べています。

組織内キャリア発達の諸段階

発達ステージ	直面する問題	具体的な課題
中期キャリア危機 （35〜45歳）	・野心と比較した現状の評価 ・夢と現実の調整 ・将来の見通しの拡大、頭打ち ・仕事の意味の再吟味	・現状受容か変容かの選択 ・家族との関係再構築 ・助言者としての役割受容
後期キャリア （40歳〜定年） 非リーダーとして	・助言者の役割 ・専門的能力の強化 ・自己の重要性の低下の受容	・技術的有能性の確保 ・若い意欲的管理者との対応 ・年長としてのリーダー的役割
リーダーとして	・他者の努力の統合 ・長期的、中核的問題への関与 ・有能な部下の育成 ・広い視野と現実的思考	・自己中心から組織中心の見方へ ・高度な政治的状況への対応 ・仕事と家庭のバランス ・高い責任と権力の享受
下降と離脱 （定年退職まで）	・権限責任の減少の受容 ・減退する能力との共存	・仕事以外での満足の発見 ・配偶者との関係再構築 ・退職準備

（シャイン，二村・三善訳，1991より作成）

アイデンティティの問い直し

　アイデンティティとは、他者の中で自分が独自の存在であることを認めると同時に、過去から現在、未来に至る時間の流れの中で一貫した自分らしさの感覚を維持できている状態をいいます。

　一般に職業の選択や一定の価値観・人生観の確立などに伴って、青年期に獲得され、後の人生を方向づけます。しかしながら、青年期に獲得されたアイデンティティが、そのまま後の長い人生を通じて、ずっとゆるぎなく持続されていくわけではなく、自分の中核となってきたアイデンティティが揺らぐような危機的な時期（キャリア発達課題など）がいくつか存在します。

　特に、今日のような変動の激しい社会と長い人生にあっては、青年期に選択した生き方では、必ずしもその後の人生全体を支え切れなくなっているのが実情で、問い直しと変革を求められるのです。

　アイデンティティの危機というと、なにか破局的な事態と受けとめられる場合が多いのですが、もともと「危機」とは、「岐路・分かれ目」という意味で、こころの発達にとってさらに成熟の方向へ進むか、あるいは退行の方向へ陥るかの分岐点を示しています。

　もうこれで自分の先は見えたと感じるか、新しい自分を見つけるチャンスととらえるかで、その後の生き方やアイデンティティの様相はかなり異なります。

エリクソンの発達課題

		〈ポジティブな面〉	得られるGift	〈ネガティブな面〉
老年期	第Ⅷ段階	統合性	英知	絶望
壮年期	第Ⅶ段階	生殖性	世話(ケア)	停滞
成人初期	第Ⅵ段階	親密性	愛の能力	孤立
青年期	第Ⅴ段階	アイデンティティの確立	忠誠心	役割の拡散
学童期	第Ⅳ段階	勤勉感	適格意識	劣等感
幼児期	第Ⅲ段階	主導性(積極性)	目的意識	罪責感
幼児初期	第Ⅱ段階	自律性	意思力	恥・疑惑
乳児期	第Ⅰ段階	基本的信頼	希望	基本的不信

〈死〉（上）／〈誕生〉（下）

ライフ—タスク

（エリクソン＆エリクソン，村瀬・近藤訳，2001より作成）

　この誰でも体験する人生半ばの危機を、納得できる働き方と納得できる生き方に転換するビジョン（方向性）を構築する必要があり、だからこそ、彼らを対象とするライフキャリアデザイン研修の意味（価値）があるのです。

　エリク・H・エリクソンの唱えた発達理論では、この年代のテーマは、「生殖性」（ポジティブな面）VS「停滞」（ネガティブな面）です。

　不安定だった一方、夢と可能性に溢れていた若い時期は過ぎ、自分の将来が見え始め、うっかりすると、希望のない中年になってしまいます。しかし、なにかを育てる喜びを見つけられた人は違うのです。生殖性とは、自分の子どもを産み育てることだけではなく、子どもがいなくとも、部下や後輩、会社や地域社会など、次の世代へつながるものを育てることをいいます。

　自分にだけ目を向けるのではなく、他者に関心を向け、世話をし、会社の発展や地域の発展に貢献し、そのことを通して、よりよい社会づくりの手伝いをしていると感じられる人は、停滞を乗り越えて生殖性（生み育てる）の喜びを身につけることができるのです。

　人生の半ばあたりで疲れて足踏みするのではなく、改めて自分にとっても意味のあることで、より若い世代を育むのに役立つようなことを継続して成し遂げることができるかどうかが、この時期に問われます。これをクリアすると、世話（care）という強み（美徳）が形成され、世代間に有意義なリンクが生まれます。ところが、これができずにいると、40代にして停滞してしまうことになります。

人生が有限であることをネガティブにとらえて守りの人生を送るか、「有限だからこそ本当にやりたいことをやろう」「これを機にもう一度夢を取り戻して、どうやったら実現できるかを考えよう」とポジティブにとらえて生きるのとでは大きな差があります。

　この年代にいる筆者も自分の仕事をどのように後継しようかと問い続け、答えは得られないものの、いま一部ボランティアでスキルに偏りすぎない講師を育成し始めています。

　生涯発達心理学の重鎮、エリクソンによれば、この年代は、誕生からの年数、つまり過ぎ去った時間よりは、死までに残された時間で自分を位置づけ始める時期であり、誕生日の意味が変わる変曲点でもあります。

　生涯発達心理学では、「人間は生きている限り生涯発達する存在である」という人間観を持ち、決して若いときのように流動性知能が発達するわけではありませんが、リーダー層以降は、人間を次第に「内的な輝き」を増す存在としてとらえています。「結晶性の知能」、すなわち若手や中堅には少ない「智恵」などがリーダー層の知能特性として挙げられています。

流動性知能…新しいものを学習したり覚えたりするような、経験の影響を受けることが少ない、むしろ生まれながら持っている能力に左右される知能をいいます。この能力は30歳代にピークに達したあと60歳ごろまでは維持されます。そしてそれ以降は急速に低下していきます。このように流動性知能が老年期以降低下することは、加齢に伴う脳機能変化と関連したもので、いわば正常な老化性変化と思われます。

結晶性知能…一般的知識や判断力、理解力などで過去に習得した知識や経験をもとにして日常生活の状況に対処する能力です。この能力は、60歳ごろまで徐々に上昇し、その後は緩やかに低下していきます。結晶性知能は、70歳、80歳になればなだらかに低下するものの、レベルは20歳代に近い能力が維持されます。このことは高齢になってもなにかを学び習得することが十分可能であることを示しています。

リーダー層の発達課題の基本仮説

1. 人の発達は、思春期を経て成人になるころに終わるのではなく、成人になった後も、生涯にわたって起こる。つまり、人は、いくつになっても成長・発達する。

2. 人の生涯発達は、安定期と移行期とからなるサイクルを形成している。たとえば、40歳から45歳くらいのころに、人は中年への移行期（人によっては中年の危機 mid-age crisis）を経て、再び生活構造が安定する時期を迎える。

3. 成人になって以降の発達段階に応じて、それぞれの段階の発達課題が存在する。それをクリアすると、人間としてまた一皮むけることになる。

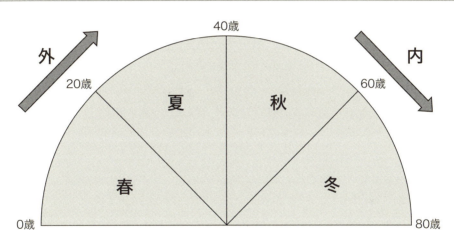

人生の四季

　私たちは四季折々の過ごし方をしています。人生の四季も季節によって変化していきます。ユングは人生を前半と後半に分け、「前半は外に向かい、後半は内に向かう」と述べています。外に向かうとは、社会の中で生きていけるように、学校に行き知識を吸収したり、友だちを通して人間関係を学んだり、就職して自分で生活したり、結婚して子どもを育てたり……と、自分のエネルギーが外界に注がれることを指します。

　人生の四季折々で自分のことを考えるときが必ず訪れます。春の時期は人格を形成する上で最も大切な時期です。親から分離し、自立していく準備をしなければなりません。生まれて以来20歳くらいまでの人生の春の時期は、親によって良い意味でも悪い意味でも枠づけ（しつけ、価値観、生き方）られたことから、より自分になるための葛藤の時期に入ります。また、自分のからだに性がめざめ、他者を

通して自分を成長させていきます。この時期は心身にたえず地震が起こっているような時期で、安定さと不安定さが同居しています。このころ、親に対して批判的になるのは自然なことで、親からすれば子どもの反抗ということになりますが、子どもからすれば自分になろうとしているサインなのです。なかには本震を起こす子どももいますが、それはこれまで蓄積されたエネルギーが一気に噴き出したことを意味しています。この時期に"イイ子"を演じている子どもは後に"危ない子"になる可能性もあります。

　夏の季節は、実社会の中に参入することになります。卒業と就職、結婚と子育てといった人生の大きな転換がこの時期に行われます。その人なりの生き方のスタンスを決めるというこの時期につきもののテーマがあります。そこでは親から自立して家庭をつくることや仕事を通して社会の中で生きる問題がクローズアップされます。

　人生の前半（人生の春の時期と夏の時期）を通過するころ、人生の後半をよりよく生きるために、噴き出してくるさまざまな問題を調整しなければならない時期が訪れます。それをミッドエイジクライシス（中年の危機）と呼んでいます。山でたとえるとちょうど山頂に登り、登ってきた道をふりかえり、降り方を検討する時期といえます。山頂からの眺めがよく、自分の生き方がよく見え、前述のとおり、複雑な気持ちになります。人によってこの時期は35歳から45歳と幅があります。このころは病気になったり、家族の問題で悩まされたり、仕事で行き詰ったりと、自分というものがさまざまな局面で問われる時期です。問われ方は人それぞれで、その奥にその人なりの人生のテーマが潜んでいます。それに対して逃げずに向かい合うことができれば、後半の人生が豊かなものになります。

　秋の時期に入ると自分の内に向かい始めるので、自分の問題、子ども（だいたいは思春期から青年）の問題、親の問題と三重苦になる構造になっています。三重苦だからしんどいとは思わず、それなりに人生を経験し、智恵を蓄積しているので対処できます。そして、家族の構造も子どもが巣立っていくことで変化し、女性は更年期に入り（最近は男性も更年期が認められています）、夫婦ふたりになる時期でもあり、そうした変化にどう対処していくかが新たな課題となります。

　冬の時期に入ると、老いの問題がテーマの中に入ってきます。退職をし、夫婦それぞれがパートナーと向かい合う時期が一層増えてきます。また友人などの死に直面することも増え、人生の深みを知る時期となります。

　このように人生の四季は誰にでも平等に訪れます。

　たいした問題もなく、なんとなしに暮らしていると、自分のことなどさほど気になりません。ところがひとたび困難に出会ったり、悩みが生じてきたりすると、誰でも自分のこと、周りのことなどを真剣に考えるようになります。その意味で困難や悩みは、その人の成長のきっかけとなるよいチャンスといえます。問題だけにとらわれず、このように考えることができれば、先が開けてきます。

　ただ難しい局面に直面したとき、やみくもに自分を見つけようとしても、なかなか見つかるものではありません。これらの意味で、自身のライフキャリアを見つめる時間は、生き方を見つめる、見つめ直すきっかけとして、たいへん意味があり、価値があり、意義のある時間となります。

転機への対処法

　ワークキャリアとライフキャリアを統合していくためには、人生におけるさまざまな出来事、言い換えれば転機と向き合い、それを乗り越えていかなければなりません。ナンシー・K・シュロスバーグは、転機への対処法として、4つのリソース（4S）の点検が重要だとしています。

　人生には3つの坂があります。上り坂・下り坂、そして、ま̇さ̇か̇……その"まさか"に、どう対処するかによって、その後の人生が変わっていきます。

　シュロスバーグは転機に対処するための方法を3段階で説明しています。

　　第1段階：変化を見定める
　　第2段階：リソース（資源）を点検する
　　第3段階：受けとめ、対処する

第1段階「変化を見定める」

　人生に大きな変化をもたらす転機は、イベントとノンイベントの2つに分けられます。"イベント"は、就職、昇進、結婚、子どもの誕生、失業、転職、親の死など、言葉のとおり出来事として起きることです。一方、"ノンイベント"とは、起きてほしいと期待していたことが実現しなかったことです。希望していた会社に就職できなかった、昇進できなかった、子どもができなかった、ふさわしい結婚相手が見つからなかった、といったことが該当します。ノンイベントは起きなかったことですから、突然の変化をもたらすというわけではありません。しかし、イベントと同様、生き方に大きな影響を与えます。

　転機の多くは、転職、結婚のように自分の意思で起こすものですが、病気や配偶者の死など、予期しなかった突然の転機もあります。突然の転機の方が不意を突かれるだけによりたいへんだったりします。当然、自分自身で起こした転機も乗り切るのは簡単ではありません。なぜなら、転機には「さまざまな変化」が伴うからです。

　では、転機がもたらすさまざまな変化にはどのようなものがあるでしょうか。シュロスバーグは、次の4つの変化を挙げています。

　　①役割が変化する……人生の役割のうち、どれかがなくなるか、または大きく変化する。
　　②人間関係が変化する……大切な人との関係が強まったり弱まったりする。
　　③日常生活が変化する……物事をいつ、どのように行うかが変化する。
　　④自分や世の中に対する見方や考え方が変化する……自己概念が影響を受ける。

　また、転機の際、どの地点（位置）にいるのかを見極めることも大切です。

「変化を見定める」段階では、以上のような視点に基づいて、自分が現在直面している転機がどのような変化をもたらしているのか（あるいは今後もたらすのか）を、客観的に把握します。つまり、転機に立ち向かうための準備段階だといえます。

　転機は人生の多方面に及ぶ変化が続けざまに押し寄せるため、うまく乗り切ることができないと、精神的に落ち込んだり、場合によってはメンタルヘルス不調になってしまったり、周囲に迷惑をかけてしまう可能性もあります。

第２段階「リソース（資源）を点検する」

　転機に直面した際にこれを乗り切るために利用できる資源を"リソース"と呼びます。これは、変化にふりまわされるのではなく、むしろ変化を自分の思いどおりに支配するために利用可能な各種ツール（枠組み）や人、支援サービスなどを指します。シュロスバーグは、リソースを４つの"Ｓ"でまとめています。この段階では、こうしたリソースをどの程度、自分が利用できるのか、その可能性を点検します。

４つのリソース（４Ｓ）の点検

(1) Situation（状況）の点検

　転機について、予期可能なことであったか、一時的なことなのか、持続するものか、過去に経験したものか、前向きにとらえられるか、深刻か、コントロールできるか、など評価することを意味します。転機が自分にとってチャンスなのか、危機なのかの判断はきわめて重要です。

　　□ 現在の状況が生じたきっかけ、原因、経緯は？
　　□ この状況は誰の意思、選択がかかわっているか？
　　□ これは一時的なことか？　永続的なことか？　状況は変わりうるか？
　　□ 以前、同様の状況を乗り越えた経験は？
　　□ この状況を自分にとってどのように受けとめているか？
　　□ この状況が与える自分にとっての打撃は？
　　□ この状況が与える自分にとっての意味のある機会、価値とは？

(2) Self（自分自身）の点検

　自分自身の内面的（精神的）な特性（強み・弱み）を把握します。自分が打たれ強く、柔軟な思考を持っているか、繊細な性格なのかといった違いにより、変化への対処が変わってきます。また、過去に類似の転機の経験がないかをふりかえり、過去に類似の経験があれば、今回の転機を乗り越

えるヒントを提供してくれる可能性があります。そのほか、個人的特徴（性、年齢、健康状態、社会的地位など）や心理的資源（性格、価値観、信念・信条、行動様式など）も含まれます。

□ それが、どの程度自分にとって重要か？
□ なにが自分にとって価値があったり、興味があったりするのか？
□ 個人生活と職業生活のバランスは？
□ 自分になにを期待しているのか？

(3) Support（周囲の支え）の点検

家族、友人・知人などの身近な関係者や専門家や専門機関など、転機において自分を支援してくれるリソースにはどのようなものがあるかを把握します。変化を乗り越えるためには、広く外部リソースに目を向け、自分はどのようなサポートが得られるかを把握し、適宜利用することが有効です。

□ 安心して本音を話しているか？　話せそうな人はいるか？
□ 日頃、自分を支えているのはだれか？　あなたにとって肯定的・受容的な人は？
□ あなたのまわりのさまざまな性格の人が、もしあなたと同じ状況だったらどのように受けとめ乗り越えると想像できるか？　楽観的な人は？　尊敬している人は？
□ 必要な情報は十分か？
□ 話を聴いてもらえる、専門的なアドバイスがもらえる、適切な情報が入手できる、必要な社会資源等が利用できる、専門機関や資源が使えるか？
□ いま、一番必要な支援はなにか？　そのために起こせるアクションはなにか？

筆者は、実際に同居しているか、していないかではなく、心理的に気にかかる対象者を優先することをおすすめしています。多くのグループカウンセリング（集団心理療法）にふれる機会がありますが、履歴書などに記載された家族構成よりも心理的な家族（対象者）の方が参加者にとっては大切ではないかと思えるのです。

河合隼雄は、自己実現に関して次のようなメッセージを述べています。
「自己実現は利己実現ではない。人間が実現しなくてはならない"自己"は単純に利己的に考えている"自分"とは異なる、もっと広く、もっと不可解なものである。一生かけて実現してゆかねばならぬ"自己"は自分の周囲の人々と深く関係し、"自己"なのか"世界"なのかわからぬといってよいほどである。自分の成長は自分の周囲の人々の成長と密接にかかわり合っている。したがって真の自己実現は必ず自己犠牲を伴うといってよいほど、自分のことは他人のことなのである」
周りの人たちと共に学び、共に成長していく中で、自己は実現されるようです。であるならば、密接にかかわり合っている人々を含め、転機に備えなければなりません。

(4) Strategies（戦略）の点検

　転機を乗り越えるのに万能薬などはなく、状況に応じていくつかの戦略を立てておき、臨機応変に対応していくことが必要になります。そのためには、状況を変える対応、認知・意味を変える対応、ストレスを解消する対応などが求められます。

　なお、変化に対処するために適用できるさまざまな戦略のうち、どれか１つだけで万全ということはありません。現実には、複数の戦略を組み合わせ、状況に応じて使い分けることになります。

　□ とるべきアクションの１番目はなにか？
　□ どれくらいの時間内に、なにを決断すべきか？
　□ 決断のための選択肢にはなにがあるか？
　□ 選択を確実にするための方策はあるか？
　□ どこまでを頭で考え、どこから実行に移し、どこで実行結果を評価すべきか？
　□ いま感じているストレスは、通常のあなたの思考を阻害していないか？
　□ 通常のあなたが思考をするために、休養が必要か？

第３段階「受けとめ、対処する」

　最終段階では、前段階で明らかとなったリソースを強化し、活用するための具体的な行動計画を策定し実行します。

　シュロスバーグは転機をうまく乗り越えるための重要ポイントとして次の３点を付け加えています。

　①豊かな選択肢……転機を乗り越えるためのさまざまな方法を知っている
　②豊かな知識……自分のことをよく理解している
　③主体性……転機を乗り切るための各種リソースを主体的に活用することができる

　転機を分析することによって、事態を冷静に見つめられるようになると、あたふたする気持ちが収まってきます。事態は変わらなくても、事態に対処する意欲や方法を思いつくかもしれません。転機はコントロールできなくても、転機のストレスはコントロールできます。

　人生は転機の連続であり、それを乗り越える工夫と努力をすれば、転機を機会（チャンス）につなげることができ、キャリアに幅と深まりが出てきます。

　転機のプロセスは、人生という冒険の道程であり、人生という物語を創造するプロセスなのです。

第2章
アイスブレイク
～ワークショップへの助走～

ライフキャリアデザイン研修のフロー

　キャリアを開発するためのステップは、次の3ステップで構成しています。
　第1ステップは、「できること」（SEEDS）。自分の強み・長所、興味・関心、価値観や仕事への意味づけなどを整理する段階です。このステップは、主にこれまでの経験や実績をふりかえる段階で、自己理解の中心となり、ライフキャリア開発の土台となります。SEEDSは、ビジョンへ向けての「種」、中心とか、発芽の元となるものという意味合いで用いています。
　第2ステップは、「求められること」（NEEDS）。自分の置かれているフィールド（活躍する場）を理解するという点と、会社や上司・部下、家族など、周囲からどのようなことを求められている

ライフキャリアデザインのフロー

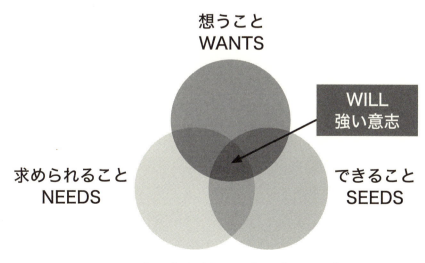

かを整理する段階です。第1ステップが自己を知るということであれば、第2ステップは、他者を知る、他者を通して自己を知るという段階だといえます。NEEDSは、周囲からの期待という意味合いで用いています。

　私たちは毎日忙しい日々を過ごしています。ライフキャリア開発のステップは、階段でたとえると、まったく足を休めることなく、階段を駆け上がり続けているイメージです。

　階段には踊り場があります。第1ステップは、その踊り場から、忙しくてふりかえることのなかった自身をふりかえることが主な作業となります。ふりかえる過程で自分自身の傾向が見えてきます。日頃忙しく、前を向くこと、階段を上ることばかりの私たちですが、踊り場から自分をふりかえってみると、なにやら自分らしいパターンが見えてきます。そのパターンの中から、自分の強み、大切にしていることなどを探り出すのが第1ステップです。「自分は自分を知っている」という、たちかえるところのある状態は、逆境に耐える力を養ってくれたり、自分の自信を深めてくれたり、不安で自分を見失わないようにしてくれる手助けになります。

　第2ステップは、これまで上ってきた階段をふりかえるのではなく、踊り場にいる"いま現在"の自分の周囲、そして、その環境変化を予想します。いま現在のフィールドを見つめる作業ですから、ミクロでは、自分を取り巻く上司、部下、他部署、お客さまなどからの期待を、彼らの視点から自分を見つめる作業となり、マクロでは、業界の動きやビジネス環境などの将来予測が該当します。人生を豊かにできるかどうかは、自分が自分についてどのように把握しているか、また、どの程度、自分を理解しているかにかかっており、広い意味で、第2ステップまでが自己理解といえます。

　自分らしく生きたいと誰しもが願いますが、自分がわからなければ、自分らしく生きようがありません。そのためには、「本当の自分」……正しく自己を理解することです。

3つの鏡で自分を観る

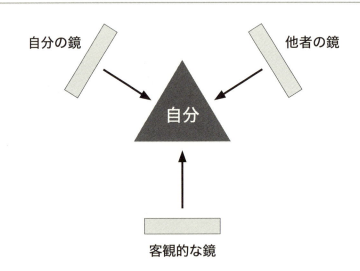

自己理解を促進するためには、3つの鏡で自分を観る方法があります。

1つめは、過去から現在までをふりかえり、自分と対話を繰り返し、客観的に分析するという自分が行う作業です。ライフキャリアデザイン研修では、「キャリアの軌跡」というワークなどが該当します。ふりかえり（整理）の過程で、自分の強みや価値観などを明確にします。この時間帯は、じっくりと自分と向かい合い、もがくこと、あがくことが大切です。

昔のように確実性と予測可能性がある人生では自己内省はほとんど必要とされませんでした。しかし、スピードの時代、グローバルな時代、変化の激しい時代では、不確実性が拡大します。これからますます求められるのは自己内省です。2つめは、信頼性や妥当性の高い心理テストや適性検査などで、自分を見つめる客観的な方法です。「あなたの強みは○○です」「あなたの改善点は、□□です」といった結果から、気づきを得たり、自分の理解を深めたりすることができます。筆者は、対象者の状況や予算などを考慮して選択しています。

3つめは、他者（周囲）からフィードバックをもらうことです。「あなたのキャリアの軌跡を聞いて、わたしは○○をとても大切に乗り越えてきたんだなと感じます」とか「今朝からご一緒していて、ずっと○○の点が頼もしい！……と感じていました」などとフィードバックをもらうと、「そんなふうに思ってもみなかった」「周囲にはそう見えるんだなぁ」と、他者の鏡を通して自己洞察が得られます。

自分のことをよく理解し、よく学ぶためには、他の人たちに意見を求め、寄せられた意見について内省することです。単にワークを経験するだけでなく、その経験に自問しなければ、世界に対する見方を変え、接した人たちのストーリーを自分のものにできません。問いを発し、注意深く観察

「アイデンティティ」（自分らしさ）の形成

本来は他者との関係で自分を紡いでいくこと	外からの影響を受けない自分をつくり外に接すること、と考える人がいる

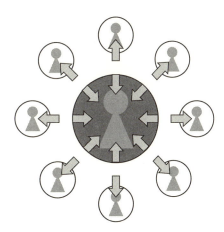

（山本，2004より）

し、熱心に耳を傾けることが必要です。そうやって掘り下げて自問してはじめて、みずからの価値観を問い直し、自分のアイデンティティと役割をじっくり考えることができます。他者の人生の物語に触れることにより、自分の人生の物語が揺さぶられるのです。

また、フィードバックを得るのではなく、仲間と自分を比べることでも、自分が見えてきます。「彼は○○の環境でやりがいを感じたけれど、自分は◇◇の環境の方がやりがいを感じるなぁ」など、他者との違いからも自己理解が深まります。

前ページ図左のとおり、アイデンティティはさまざまな他者とのかかわりの中で自分らしさを紡いでいく感覚なのですが、なぜか図右のように多くの人が内向きに向かっています。日本ではアイデンティティの形成を「自分の内面を探求して、変わらぬ自分をつくる」と誤解しているようです。

第1ステップで、これまでの過去を、第2ステップでは、いまここと将来を見つめることができたら、最後は、どちらの方向へ駆け上がっていこうかと、自分の駆け上がりたい未来の方向をイメージします。それが第3ステップ「想うこと」(WANTS) になります。

第3ステップは、なりたい自分、ありたい自分など、数年後のビジョンを想像するステップになります。究極的には、いかに死ぬか、いかに退職するかということになりますが、いまのスピードの時代では、むやみに長期のビジョンを描くのではなく、若手や中堅クラスのキャリアビジョンは、3年から5年後のビジョンを描くことをおすすめしています。リーダー層は、彼らよりも少し長いスパンを描くことが転機の点からも理想ですので、5年から10年のライフキャリアビジョンを描くことをおすすめします。

キャリア開発の重要な点は、これら3つのステップをバラバラにとらえるのではなく、それぞれの重なりを大切にし、強い意志(WILL)を持って、その重なる領域を広げていくことといえます。

その土台にヒューマンネットワークが位置しています。

キャリアの節目は、自分で切り拓いているようでも、かなり大勢の人のお世話になっているものです。節目をくぐるとはそういうもので、もし、周りの支援、ソーシャル・サポートがなければ、節目の経験はストレスフルなものになってしまいます。人生そのものが、他の人たちとのつながり、相互依存の中に自分がいるということなのですから。

リーダーであれば、1人ではできないような大きな夢を描き、部下と共に実現できれば、部下も育ち、こんな素晴らしいことはありません。

研修の目的を達成するためのアイスブレイク

アイスブレイクとは、アイス(氷)のような緊張状態をブレイク(打ち破る)することにより、参加者の緊張をときほぐすための手法です。参加者を和ませ、グループ(4〜6名)の凝集性を高めるきっかけをつくり、さらに、研修の目的を達成するために積極的にかかわってもらえるよう働きかけることを目的としています。

以下にいくつかのミニワークを紹介しますが、参加者同士の親密度、研修への参加経験度、事前課題の有無、研修のねらいなどに応じて、いくつかを組み合わせて実施するとよいでしょう。

心理学では、相手と顔を合わせる回数が多いほど好意が上がる現象を単純接触効果といい、その人物の内面などを知れば知るほど好感度が上がる現象を熟知性の原則といいます。

相手の性格を知れば知るほど、相手に対する恐怖感が薄れてきます。相手のことをまったく知らない段階では、相手がなにを好み、どのような行動を不快に感じるのかを察知できないので、緊張した状態で接することになりますが、相手の内面を知る機会が何度かあることによって、その緊張が薄れていき不安感がなくなっていきます。

ライフキャリアデザインは、仲間に率直に自己を開示し、仲間からのフィードバックを素直に得ることで、自己理解（自己認識）を深めていくことが求められます。その意味で、筆者は意図的に多くのミニワークを組み合わせ、その場の雰囲気に応じて工夫しています。

ミニワーク ①

チェックインPart 1

事前準備：部屋の後方に人数分の椅子を円形で準備しておきます。

以下の手順（ルール）に従って、進行します。

① 「いまの正直な気持ち」や「気になっていること」などをありのままに、1分程度で話してください。

② 話す順番は決めず、話したいと思った人から始めてください。

③ 他者の発言に対して、質問したり突っ込んだりしないでください。

④ 無理に笑わせようなど、うけねらいに走らないようにしてください。

偽りのない素直な発言によって、お互いの背景を理解し合うことで、相手をありのままに受容しやすくなります。

ミニワーク ②

チェックインPart 2

事前準備：部屋の後方に人数分の椅子を円形で準備しておき、その中央や脇にテーブルを置き、テーブルの上に100枚ほどの絵ハガキを用意します。絵ハガキは、絵や写真だけでなく、詩やメッセージなど、文字が書かれているものも混ぜておきます。

17

以下の手順（ルール）に従って、進行します。
① 「いま、あなたが気になった、関心を抱いた、自分を呼んでいるかのような……絵ハガキを1枚手に取って、着席してください」
② どうして、その絵ハガキを手にしたのかを、ありのままに１分程度で話してください。
③ 話す順番は決めず、話したいと思った人から始めてください。
④ 他者の発言に対して、質問したり突っ込んだりしないでください。
⑤ 無理に笑わせようなど、うけねらいに走らないようにしてください。

ミニワーク③
職業当てクイズ♪

```
生まれ変わったら、
わたしは



                        になりたいです。
```

① 上記のスライドを見せ、各自に回答を浮かべるように伝えます。
② グループの中で順番を決め、対象者の右回りに順番にクローズドクエスチョンをします。
③ 質問が1周したら、誰からでも質問できます。
④ 早く当てた人が勝ちで、どれだけ多く当てられたか競い合います。

ミニワーク ④

"わたしの常識"を超えた発想

① 「手元のノートに、魚を思い浮かべて、その絵を描いてください」と伝えます。
② グループで、どのような絵を描いたか、見せ合います。
③ 「頭に浮かんだのはお刺身ですか？ それとも正面から見た魚の顔ですか？ おそらくどちらでもなく、魚の頭が左側を向いた絵になっていませんか？」と問いかけ、参加者の反応をみます。
④ 「それは、なぜでしょうか？ ペアで少し話し合ってください」と、2分ほどの時間を設けます。
⑤ 講師（ファシリテーター）は、以下のような解説をします。

解説例： 　私たちは無意識のうちにパターン認識します。たとえば、「○○は□□だよな」とか「○○は○○で解決できる」というように、過去の体験や教え込まれたことをもとに思考しています。私たちの脳は経験や情報をパターン化して記憶し、そのパターンを活用してしまうのです。つまり、分析的・論理思考的な左脳アプローチだけでは、"わたしの常識"を超えた発想から抜け出せないようです。そんなとき、右脳を用いる仕掛けをしてみるとよいようです。

⑥　「では、右脳を用いるために、どのようなことしますか？」と問いかけ、グループで意見を
　　出し合い、全体で分かち合います。

⑦　最後に、以下を参考に、まとめをします。

解説例：　今回のライフキャリアデザイン研修では、最終的に５年〜10年後のビジョンを描い
　　　ていただきます。その際（その過程においても）、右脳がずいぶん役立ちます。日頃、
　　　左脳を優先していると自覚する方は、より右脳に意識を向けてみてください……
　　　　　などと、第５章のワークへの関連づけをしておきます。

ミニワーク ⑤

思考の省略化

バットとボールは合わせて1ドル10セントです。

バットはボールより1ドル高いです。

さて、ボールはいくらでしょう？

---

①　上記のスライドを見せ、「ここに簡単な問題があります。答えてみてください」と教示しま
　　す。

②　「簡単すぎますよね。グループで回答を紹介し合ってください」などと言い、グループ内で
　　回答を述べ合います。

③　「では、一斉に答えをどうぞ」と問いかけ、回答を得ます。

④　「正解は５セントですよね」……と、笑いながら伝えます。
　　　……かなり部屋中がざわざわします。

⑤　問題の答えと本ミニワークから見えてくることの解説をします。

解説例：　この問題は、ノーベル経済学賞を受賞したプリンストン大学のダニエル・カーネマン
　　　によるものです。（『ファスト＆スロー（上）あなたの意思はどのように決まるか？』）
　　　簡単な問題にもかかわらず、ハーバード大学、マサチューセッツ大学、プリンストン大
　　　学の学生の半数以上が間違ってしまったのだそうです。
　　　　　私たちは、過去に経験したことと同じようなものに対する意思決定に対し、「メンタ
　　　ルモデル」を用いています。メンタルモデルとは、「ネットでは偽物ブランドが多い」
　　　「安くすれば売れる」など、過去の経験の中で無意識に形成された概念のことをいいま
　　　す。

過去と似たような意思決定を求められる場面で、毎回じっくりと考えていては時間と労力を要します。そのため、私たちはメンタルモデルを使って「思考の省力化」を行っているのです。しかし、メンタルモデルを使って早く結論を出そうとすることは、弱みになることがあります。

あるメンタルモデルで何度も成功を体験すると、「○○とは□□だ！」とメンタルモデルが強化されます。リーダーになればなるほど、「メンタルモデルによる意思決定の誤りを犯しやすい」といえるのかもしれません。

過去に経験したことと似ていると、従来のメンタルモデルを素早く適用することを優先するため、小さな変化を見落としてしまう可能性があります。先の問題もじっくり考えれば正答できたにちがいありません。私たちは、大きな変化や急激な変化には気づくことができる一方で、小さな変化や少しずつの変化は見落としがちになります。

私たちのライフキャリアを考えるとき、自分や身近な人の小さな変化や少しずつの変化を見過ごしてしまうことで、大きな後悔を伴うことがあります。

ときに、自分や身近な人の小さな変化にもアンテナを立てる機会（ゆとり）も求められているのです。

ミニワーク ⑥

転機を乗り越えた思い出

事前課題

① 研修前に、以下のような説明をし、事前課題を依頼します。

「社会人となってから今日までの約30年間をふりかえると、あなたは、『あのとき輝いていたなぁ』『あの瞬間エネルギーが満ち溢れていた』『あのころは、仲間たちと将来について語り合っていたなぁ』『あの苦しかったことがいまとなると糧になっている！』……などなど、多くの転機を乗り越えてこられたことでしょう。研修前に社会人になってから、今日までの転機を思い起こしてきてください。できれば、箇条書き程度にまとめていただけると研修にスムーズに参加いただけるかと思います」

② ①に該当する思い出の品物を1つ、研修に持参してもらいます。

例：○○で評価され自分にプレゼントした万年筆

◇◇の辛いとき、同僚からもらった絵葉書　……など

アイスブレイク

③ 当日、持参した思い出の品を1人ずつ、思い出とともにグループ内で、語り合っていただきます。その際、メンバーがしっかりと仲間の話に耳を傾けているかを確認し、傾聴できていな

いようであれば、「聴く」ことの重要性を解説します。

ミニワーク ⑦

最も成長した出来事

> あなたが社会に出たあとで、最も学んだ、最も成長したと思える印象的な出来事はなんですか？
> ブロックを使って、その様子を表現してください。

① 上記のスライドを見せ、ブロックを配布します。左脳で考えすぎず、楽しみながら、手を動かすことをすすめます。
② 出来上がったら、ブロックで表現したものを説明しながら、自己紹介をします。
③ 各メンバーは、ひとこと感想を伝えます。
　＊幼少のころに戻るようなワークですから、発表や感想時も無邪気さが感じられ、終始笑顔が絶えず、グループの凝集性が一挙に高まります。

第2章 ◆ アイスブレイク〜ワークショップへの助走〜

ミニワーク ⑧

妖精への願いごと

> 「もし妖精があらわれて、あなたの願いをどんなこと
> でも、3つだけ叶えてくれるとしたら、あなたはどん
> なことを願いますか？」

① 上記のスライドを見せ、3つの願いごとをメモするように伝えます。

> 「3つの願いがすべて叶い、十分に満足しました。では、
> その後の人生、あなたはなにをして、どのように過
> ごしますか？」

② 続いて、上記の質問をし、先ほどのメモの続きに、回答を記入するように伝えます。

③ その後、グループ内で語り合います。
　＊それぞれの思いもよらない回答に驚いたり、自分の願いごとが日常すぎて反省したり、さ
　まざまな反応が得られ、場の温度が高まります。

ミニワーク ⑨

わたしが遺していくもの

事前課題

① 研修の前に、以下の事前課題を出します。
　あなたの職場の仲間20名に、次の質問をして、20名分からの回答を研修に持参ください。
　「あなたは、わたしのことをどう思っているでしょうか？　わたしがこの会社に遺していく
ものはなんだと思いますか？」と、あなたが退職した後、どのように記憶に残ると思うか、率
直で正直な答えを寄せてほしいと依頼してください。

23

アイスブレイク

② 持参した20名分の回答のうち、印象的なコメント、自分らしいなと思うコメントなど、5名分を選択します。

③ 選択した5名分の回答について、自己紹介とともに伝え、グループ内で語り合います。

④ ワーク終了時、「20名様からいただいたコメントは、研修の中のライフキャリア・ビジョンの際などに、ぜひ参考にしてください」と伝え、研修の内容に入ります。

ミニワーク⑩

わたしの人生観(人生哲学)、幸福感

事前課題

① 研修前に、以下の事前課題を与えます。

拙著『キャリアの成幸者―新しい眼で自分を見つめ直す―』と『幸せサプリ―幸せな習慣づくり―』(いずれもKindle版)を読み、あなたの"生き方"、"働き方"、"幸福"など人生観や職業観に関する、ある一定の考えを3つ挙げ、研修に持参ください。キーワードや短い文章（1文）にまとめておいてください。

＊課題の書籍を2冊読むのが重荷だという場合は、第3章のワークにより即した『キャリアの成幸者』をすすめています。

アイスブレイク

② 考えてきた3つのキーワード（文章）について、その意味づけや解説を添え自己紹介し、グループで各自の考えを発表し合います。単に発表するだけでなく、掘り下げる問いかけをしたり、感想を述べながら、問題意識を互いに高め合います。

③ 講師（ファシリテーター）から、人生観や職業観が私たち（リーダー層）に定まっていることで、生き方や働き方の質がどう違うかということについて、問いかけ、話し合う時間帯を設けます。

事前課題にあげた『キャリアの成幸者―新しい眼で自分を見つめ直す―』の「はじめに」の一部を紹介します。この書籍は、キャリアデザイン研修の事前課題として企画し、執筆したもので、研修前に読んでいただくことをおすすめします。

変化の激しい時代、私たちは特急列車に乗っているようなものです。停車することなく、目的地に向かって激走を続けています。

　喜びがこみ上げてくる未来のスケッチではなく、達成すべき目標としての計画された未来を生きる日々……たえず何かに追いかけられ、順調と思えるキャリアにおいても、違和感を覚えることも多いことでしょう。

　私たちは、Beingを忘れDoingばかりに目が向きがちです。何ができ、何ができないか、何が上手で何が下手か、Beingが満たされないまま、Doingの世界へと追いやられ、そのため、競争に疲れ果て、存在に不安を抱き続けているように思います。

　成功を否定するつもりはありませんが、成功ばかりを追い求め、"成幸"をおざなりにしていないでしょうか。

　本書は、"生きる意味"に耳を傾けようと思ったとき、"仕事とは""キャリアとは"……と問いを発したとき、そんな人生の転機に差し掛かった方への質問集（問題集）として執筆しました。

　以上のミニワークは、研修開始直後に限らず、研修2日目の冒頭に実施したり、ワークの前に実施したりするなど、意図を持ちながら、展開すると効果的です。

第3章

できること「SEEDS」の
自己理解

ワーク❶

Myヒストリー
〔キャリアの軌跡〕

ワークのねらい

　これまでのキャリアをふりかえることで、自分が拠り所とする中核的能力（強み、興味＆関心、価値観や意味づけなど）を再確認します。

　仲間のキャリアの軌跡の説明を聴くことで、経験や意味づけの違いから自己理解を深めます。

進め方

①　ワークシート「Myヒストリー〔キャリアの軌跡〕」を配布し、記入します。

[記入のポイント]

◆ワークシートは、職業人としてスタートしたときを起点として書き進めます。上段の充実度＆満足度は、点線を±０とし、「高い」に近づけば、充実度や満足度が高く、モチベーション高く過ごした時期を表し、「低い」は充実度や満足度が最低、いわゆる悩んでいたり、葛藤していたり、トラブルを抱えていた時期を表します。こころの動きは、大まかに描くのではなく、波の高低と間隔をはっきりさせるように描きます。

　記入は、等分して書くことをすすめます。縦に白地とアミ地を合計30枠表示してあります（10枠ずつ実線で表示）。

26

◆年齢・西暦を記入したら、業務内容（成果・貢献、習得能力）から書き始め、充実度＆満足度を描きます。その後、最下段の山のエピソード、谷のエピソードを記入し、少し俯瞰してシートを眺め、現時点の意味・価値を読み取り（解釈し直し）、未来予測"退職の日"を描くという流れで記入していくとよいようです。筆者は、パワーポイントでワークシートを表示し、記入手順を提案しています。

◆エピソード（出来事）を1つの物語として思い出し、その意味するところを整理していくことが大切です。エピソードが自分にとってどのような意味があるのか、いまの自分を形作っているなにかとつながりを持っているかを考えることは、自分を知り、将来にわたってやりたいことを見つけるもとになることを伝えます。

エピソードは次のような要素を持ったものです。

- 自分の能力と可能性を示している
- 自分のパーソナリティ（性格）を象徴している
- 思い出すたびに感動がよみがえる
- アンチテーゼになっている
- 人生に転機をもたらした
- 情景がこころの中に焼きついている

② 記入を終えたら、4～5人のグループをつくって、発表とフィードバックに移ります。

[発表のポイント]

発表時間は、1人あたり20分弱で、10分くらいで発表を終え、残りの時間は、メンバーから発表者へ質問をします。

質問例：「書いてみて、真っ先に感じたことは、どのようなことですか？」

「そう感じたのは、どのような理由からですか？」

「どのようなことを大切に、ビジネス人生を過ごしてきたと感じますか？」

「山のエピソードが3つありますが、共通していることがあるとすると、どんなことですか？」

「未来予想に書いた事柄と現実とのギャップは、どのようなことがありますか？」

……などなど

発表者は、描いた「Myヒストリー」を熱心に語ります（シートは発表者が見やすい位置でよいのですが、メンバーに見えるように身を乗り出して積極的に、曲線をなぞりながら説明します）。

◆発表者は、赤ボールペンを持ちながら発表します。仲間からの質問やフィードバックから気づいた点や思い起こした点などを、ワークシートの該当箇所に赤字でメモをしておきます。

[聴き手の注意点]

◆ワークシート「フィードバックシート」を人数分（グループ人数－自分）配布します。聴き手は、右上に発表者の名前を記入します。聴き手からすると、強みは理解しやすくとも、価値観はわかりにくいようです。価値観を理解する資料として以下の価値観リストを配布するのもよいでしょう。

価値観リスト

冒険	発明	ヒーロー	柔軟さ	真理
変化	プロセス・過程	おもてなし	ビジョン	向上
気づき	時間	快適	オンリーワン	能率
ストローク	ロマン	感性	正直	分析力
ナンバーワン	勤勉	貢献	個性	権威
優しさ	勇気	達成	楽天的	専門性
改革	責任	影響力	幸福	遊び
マネジメント	夢	自由	尊厳	家庭
貯蓄	落ち着き	完全・完璧	人情	美しさ
信仰	学び	自尊心	忠実	ユーモア
キャリア	理想	チームワーク	ポジティブ	エレガント
支配	活性	興奮	感謝	親密
エネルギー	成長	努力	目標	安らぎ
マナー	ステイタス	奉仕	野心	正義
決断	一体感	研究	快楽	義理
約束	愛	誠実	調和	慎重
芸術	探求	ユニークさ	権力	賢明
趣味	絆	貢献	倫理	業績・結果
信頼	団欒	思いやり	賞賛	精神性
楽しさ	サポート	チャレンジ	実力	ネットワーク
安定	勝利	創造性	リーダー	堅実

◆発表者の各キャリア・アンカーを探り、記入しながら耳を傾けます。的を射たものにしようとか、正解しなければならないなどと考えず、自分の感じたことを率直に「フィードバックシート」にメモします。

※キャリア・アンカーとは、エドガー・シャイン（Schein,1978）がスローンスクールの卒業生に対する長年の追跡調査と研究によって見出し提唱した概念で、職業に対する「自覚された才能・動機・価値観の型」をいいます。シャインによれば、キャリア・アンカーとは、もともと個人のとらえ方を概念として導き出したものであり、職業上の重要な意思決定の際の係留点として機能していることから「キャリア・アンカー」と名づけられました。

◆「へぇなるほど」「すごいなぁ」などとあいづちを打ったり、身を乗り出したり、うなずいたりしながら、発表者に関心を寄せます。

◆発表者が自己理解を深めるための問いかけ（開かれた質問）をしたり、抽象的な点などを具体的に掘り下げられるようにサポートします。

◆キャリア・アンカーは、発表者が口頭で述べたキーワードよりも、行間で感じられたことや開かれた質問から湧きあがってきたものを中心に記入します。

◆ワークシートの記入だけに注視すると、発表者は味気なく感じ、話す気力が失せてしまいます。さりげなくメモを取ることがコツです。

　　註：「フィードバックシート」は、ワーク１〜５まで続けて使用し、SEEDのワーク（ワーク１〜５）終了時にそれぞれ本人に手渡します。そのタイミングで、ワークシート「自分整理シート」を配布します。自分について整理するためのシートです。研修初日の宿題にしたり、まとめる時間を設けたり、研修時間の中で調整しながら活用します。

Myヒストリー〔キャリアの軌跡〕

年齢											
西暦											
高い ↑ 充実度 & 満足度 ↓ 低い											
業務内容 成果・貢献 習得能力											
現時点の 意味・価値											

【山のエピソード】

・充実感（満足感）が高い出来事

_____

・やりがいを覚えたことは

_____

・なにを大切にし、なにがあったからがんばれたのですか

_____

_____

【谷のエピソード】

・充実感（満足感）が低い出来事

_____

・そこからなにを学び、なにを身につけましたか

_____

・谷の経験を後進育成に活用するとしたら

_____

_____

第3章 ◆ できること「ＳＥＥＤＳ」の自己理解

記入日　　年　　月　　日

未来予測 " 退職の日 "

①大勢の部下の前で退任のあいさつをするとしたら

_____

_____

_____

②子どもに自分のビジネス人生を語るとしたら

_____

_____

_____

③部下や家族にどう声をかけられたいですか

_____

_____

④そのためにすべきことは

_____

_____

_____

31

フィードバックシート

さん へ

MEMO	フィードバックポイント
	■相手が最も充実していると感じた点は？（なぜそう感じたのか） ■相手の持つ強み（能力）はなに？（なぜそう感じたのか） ■相手の持つ興味／関心はなにか？（なぜそう感じたのか） ■相手の持つ価値観はなにか？（なぜそう感じたのか）

第3章 ◆ できること「ＳＥＥＤＳ」の自己理解

自己整理シート

項　目	内　　容		根拠となる事例・フィードバック
強み／弱み（中核能力）	強みを感じている能力		
	弱みを感じている能力		
興味／関心（好きなこと）			
価値観（大切なこと）	①	④	
	②	⑤	
	③	⑥	

33

ミニ講義～解説とまとめ

　書くという作業は、自己との客観的な対話といえます。書いた事柄すべてがあなた自身です。ひとことで表現尽くせない多面性が可能性であり魅力なのです。

　本当の自分を知るということは、1つの答えを探すことではありません。自分について、客観的に多くの知識を持つことです。苦手な人とかかわる必要があるようなとき、私たちは少しでも相手の良いところを探そうと努力します。それと同じように、自分の良い面を知ると"案外いいやつだな""これまでずいぶんとがんばってきたなぁ""いろいろなことにチャレンジしてきたよ"などと思えたりします。自分についても、よく知っていくと、自分を肯定的に見ることができ、そのポジティブ感情がビジョンの構築へとつながります。

　Myヒストリーをふりかえると、「自分はこれだけのことをしてきて、さらにこんなことがしたいんだなぁ」と、自分の出発点に戻り、人生の骨組みを再構築する作業となり、とても意味深いワークです。毎日をなに気なく過ごし、忙しさに追われ、いままでの歩みをふりかえる暇もなかったという参加者たちには、有意義な時間となります。

　自分がいままで生きてきた道を書き出してみると、どれだけ多くの人とかかわってきたかが改めて実感できます。計り知れないほどの人たちに支えられてきたことに気づかされます。また、大きなビジョンを抱いていたのに、知らず知らずに立ち消えになっていることに気づくこともあるでしょう。

　キャリアの軌跡をふりかえるだけで、参加者が、恩返しや目標の実現など、やり残していることに気づく場面に立ち会えることも少なくありません。

　さらに、深い谷を乗り越えたからこそ、高い山を望めるようになった……など、深い谷を避けようとせず、真正面から臨んだ者だけが、高みを望むチケットを手にできることなどに気づく参加者は少なくありません。

> 「人生、つらいことを探せば
> つらいことばかり、いやなことを探せば
> いやなことばかり、うれしいことを探せば
> うれしいことばかり、ありがたいことを探せば
> ありがたいことばかりだ」
>
> 　　　　　　　　　　　　　　　　　　　　（山本紹之介）

『Myヒストリー』を物語ることの意味

1. いくつになっても自分のアイデンティティを発展させることが求められ、その手段の1つになる

2. 人生を有意義に生きるための指針を言葉に結晶させることになる

3. 人生のカオス（混沌・複雑さ）、危機、混乱期に対して、整理をし秩序を与えることができる

4. 物語の話し手と聴き手双方を元気づける

真摯な聴き手がいる場合、物語ること自体に、健全な治療的効果が潜んでいる。

語り合いが新たな意味を生み出す

　自分の体験や思いをありのままに語ることによって、自己の内面に対する洞察が促進され、新しい問いが生まれたり、考えがまとまったり、気持ちの整理がついたりして、自己洞察効果が高まります。

　ワークを通したかかわり合いの中で、新たな気づきが得られるというのは、自分の経験をふりかえり、その意味を解釈する新しい視点が獲得されることを意味します。

　同じような経験をしても、人によって受けとめ方が違うのも、それぞれが経験を解釈する枠組みとして用いている自己概念（自己像）が違うからです。同じ話し手であっても、新しい文脈を獲得すれば、同じ過去経験も違った意味を持つものとしてふりかえられるようになります。ふりかえり方が変わることで、話し手のMyヒストリーの諸々のエピソードの持つ意味やキャリアの流れに変化が生じます。

　話し手なりの解釈をもとに自己を語り、聴き手の解釈を理解する努力をし、その聴き手の理解の枠組みからもわかってもらえるように工夫しながら語り直し、再び聴き手の反応を確認する。こういったやりとりの積み重ねの中で、話し手が経験してきたことがらの意味が、ひいてはキャリアの意味が、知らず知らずのうちに生み出されているのです。

　他者と会話をしていると、同じことがらに対してこれほど見方が違うものかと驚かされることがあります。なぜこんなことがわからないのかとイライラしたり、どうしてそのような見方をするのかと不可解に思ったりすることもあれば、そういう見方もあるんだと感心することもあります。いずれにしても、それらは他者の視点に触れる経験ということができます。

私たちは、聴き手の理解の枠組みの見当をつけながら、聴き手にわかってもらえるような説明の仕方を選びつつ自己を語る傾向があります。それゆえに、新しい出会いというのは、新しい自己の語り方を導き出すという意味において、私たちにとって大きな影響をもたらします。つまり、生き方を見つめ直す（揺さぶられる）ような出会いとは、自分の人生に関してこれまでとは違ったふりかえり方を可能にしてくれる出会いのことといえます。ふりかえり方が変わることで、Myヒストリーの諸々のエピソードの持つ意味やキャリアの流れに変化が生じます。

　安定した自己概念（自己像）の世界から脱しようという動きが起こるのは、人生の転機や人生の危機といえます。これまで安住してきた自己概念が窮屈になってきたとき、居心地が悪く感じられるようになってきたとき、どのように脱したらよいのでしょうか。脱するなどと大袈裟でなくとも、どうしたら、自己概念を新たなバージョンに書き換えることができるのでしょうか。そのきっかけは、語る相手を変えることです。

　たとえば、転校したり就職したりすることで環境が変わり、自分の性格や行動パターンが大きく変わったという事例をよく耳にします。それまではとても控え目だった人が、まるで別人のように積極的にふるまうようになったり……。これは、少し大袈裟な見方ですが、身近に接する相手が変わることで、自分を語って呈示する仕方を大胆に変えることができるといった事情によるものともいえます。

　これまでの自分を知っている人を前にすると、どうしてもこれまで生きてきた自己概念の文脈からずれる語りはしにくいものです。なにを語るにしても、これまでの自分の生き方を基準にした語り方をしないと、相手のこころの中にしっくり収まりません。じっくり話してわかってもらうのも面倒なので、ついついこれまでの語り口を踏襲してしまい、慣れ親しんだ人たちの中にいながら、バージョンアップするのは難しいのです。できる限り、非日常的な場に身を置くことが、新たな自分の創造、つまり新しい自己概念の創造につながります。

　たかだか数日の研修の中で、大袈裟なとらえ方だと思われるでしょうが、参加者の立場に立つと、この年代のライフキャリアデザイン研修は、受講が最後になる可能性が高いと思われます。だからこそ、グループの構成は顔見知りではないこと、話し手の積極的・率直な語りと、聴き手による素直で誠実な反応が内省の重要な鍵になることなどを説きながら、緊張感を持ってファシリテーションすることが大切です。

　いまの若手や中堅は学生時代にキャリアをテーマに授業や就職時に取り組んできたので、研修でも抵抗なくワークシートをすらすらと記入できます。むしろリーダー層の方がキャリアに関する学習経験が少なく（一時、ライフデザインなどの研修が流行った時期もありましたが）、これまでの仕事人生をふりかえる機会がなかったため、ワークシートの記入に多くの時間を要します。すらすらと記入できる参加者と、ペンが進まずしばらく時間をおいてから書き始める参加者の二極化があるため、休憩時間を活用しながらワークの時間を調整するように心がけるとよいでしょう。

　また、とても詳細に小さな文字でシートを埋める参加者もいれば、かなり空白が多く、アバウト

第3章 ◆ できること「ＳＥＥＤＳ」の自己理解

に記入する参加者もいます。特に未来思考（NLPなどでいう）の方は過去にさほど関心がないので、細かく覚えていない傾向にあります。しかしアバウトな記述だからといって、参加意欲がないわけでもありません（もちろん、そのあたりの微妙な姿勢は、研修開始時からアンテナを立て、対処するように努めています）。

　筆者は人事担当者に「どれくらい書けているか（量より質）、自由にご覧ください」と守秘義務を前提に、ワークシートの内容を見ることをすすめています。仕事上の役割から、人事担当者は詳細に書けていることを良しとする傾向があり、アバウトな方を批判しがちです。そんなときは「○○さんは、ミニワークのとき、□□にかかわり積極的でしたよ。筆者もそうなのですが、詳細に書かないのではなく、未来思考なので、過去のことを詳細に覚えておらず、書けないものと思います。ただ、この先のワークをご覧いただければ、彼は会話をしながら文字を補うことができるので、心配はご無用かと思われます」などとコメントします（あくまでも、このようなやりとりは本ワークシートに限定したことで、ビジョンや行動計画などに具体性を欠いた場合は論外で、フォローするようなコメントはしません）。

キャリア・アンカーとは　―自己像の中心を成すもの―

　アンカーとは英語で「船の錨（いかり）」のことで、船はどこに行こうが、一度 "錨" を下ろすと、そこにどっしりと浮遊することなく落ち着きます。キャリアにおいても、1人ひとりがこの「アンカー（錨）」を持ち、それを拠り所として生きている……という意味づけなのです。いわば、キャリア・アンカーとは、「自分が本当に大切にしていること、拠り所」であり、わたしがわたしらしくあるための「譲れない価値観」なのです。

　「個人が選択を迫られたときに、その人が最も放棄したがらない欲求、価値観、能力（才能）などのことで、その個人の自己像の中心を成すもの」と定義することができます。

　職業人生で感じる幸福感や充実感は、私たち自身の奥深くにあって、わたし自身もなんとなく気づいている「大切に感じているなにか」に関係しています。あなたは、次の質問に自信を持って答えることができるでしょうか？

①　わたしは、なにができるのか？　なにが得意なのか？
②　わたしは、どんな場合にやる気になるのか？
　　どのような場合にやる気を失うのか？　つまるところなにがやりたいのか？
③　わたしは、どのようなことに意味や価値を感じているのか？

　①は、「あなたが持っている能力（強み）」。仕事で満足のいくパフォーマンスをするための鍵となるものです。
　②は、「あなたが動機づけられる要素（興味＆関心）」。仕事を楽しめるかどうかの鍵になるもので、

37

自分が面白さを感じるなにかであり、「複数の人とする活動」のように範囲の広いものや「子どもを対象にした活動」のように焦点を絞ったものもあります。

③は、「あなたが持っている価値観や意味づけ」。人生においてあなたを形づくる理想であり、重要な特徴です。仕事に満足できるかどうかの鍵になるものです。

この3つを自覚することによって、「自分らしいキャリア」を歩む第一歩が始まります。

ドナルド・E・スーパーも、「仕事とは興味、能力、価値観を表現するものであり、そうでなければ仕事は退屈で無意味なものになる」と述べています。

いまのビジネス社会に生きる私たちは、日々「すること」でスケジュールが埋まり、自分が意味を抱いて「やりたいことはなにか」と自問する時間をほとんど設けません。ですから、自分の内面から起こる"目的"を見出さないまま、外側から設定される"目標"に引っ張られる形で走っています。キャリア・アンカーを把握できれば、自分をコントロールしやすくなります。キャリア・アンカーを探り出すというのは、自分の取扱説明書を得るようなものなのです。

1人旅に出て、素敵な異性に出会ったとします。お互いに意気投合して会話が続いています。そんなシーンで、あなたはどのような想いを持って、いまやっている仕事（職場）を語りますか。そこにはきっとキャリア・アンカー、つまり自分を仕事につなぎとめているなにかが自ずと語られています。好きな人、憧れている人、親しい人に自分のことや自分の仕事のことをどのように語ろうとするか、キャリアをデザインするとき、これはとても大事なことです。

キャリア・アンカーに基づく部下育成

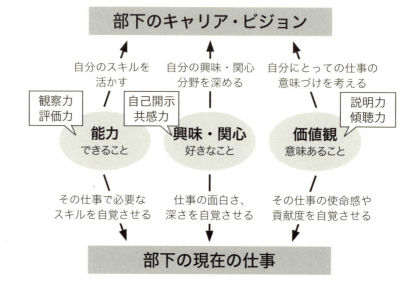

リーダーや管理職になれば、自分自身のキャリアはもとより、部下のキャリアへの関心をおざなりにはできません。特に最近では、日常業務の中で部下のキャリアへの関与が求められています。

リーダーは、日頃の部下育成の中で、部下のキャリア・アンカーに関心を持ち、部下自身にキャリア・アンカーに気づかせつつ、ビジョンの架け橋をします。キャリア・アンカーは一度形成されると、その人の生涯にわたって職業上の重要な意思決定に際して影響を与え続けるからです。

コミュニケーションを通して、①部下の指向や欲求「やりたいこと」をキャッチし、②職場の使命や役割「やるべきこと」を明示し、③冷静な視点で能力や適性「やれること」をフィードバックする……このような関与で、部下は、①いままで気づいていなかった観点で、担当業務の意味を見出せ、②いままで気づかなかった自分自身の指向や欲求を発見し、③ときには、自分の甘かった考え方を指摘されることによって奮起する……部下は、いままで自分の視点では気づかなかったさまざまなことに目を開かされます。そして、部下は、これまでとは違う視点で自分が担当する仕事内容や会社内での役割に対して、"意味"や"価値"を見出し始めるのです。

キャリアは、リーダーと部下とのコラボレーションから生まれてきます。だからこそ、リーダーから、その扉を開き、橋を架けてほしいのです。

「リーダーシップの役割は個人や組織の強みを引き出し結びつけることであり、弱みを取るに足らないものとするところにある」（ピーター・ドラッカー）

部下の中にある宝物・可能性を相手と共に見つけながら、共に豊かになる、そんなリーダーが求められているのではないでしょうか。

ワーク ❷

価値観の翻訳

ワークのねらい

　ワークシート「価値観の翻訳」と価値観カードを用いて、価値観を探り出します。筆者は、キャリア・アンカーの中で、価値観が最も重要なものだと考えています。

進め方

① 　ワーク1で完成させたワークシート「Myヒストリー〔キャリアの軌跡〕」を内省しながら、ワークシート「価値観の翻訳」の「いきいきしていた経験、やりがいや達成感を味わった経験」という欄に、10個ほどの出来事を記入します。

② 　その10個を見つめ、共通にみられる価値観を翻訳し、該当欄に記入します。

③ 　価値観を翻訳するワークはなかなか難しいのが実情です。そのため、筆者は「価値観カード」の活用をおすすめしています。

　　※詳しくは、前著『キャリアデザイン研修 実践ワークブック―若手・中堅社員の成長のために―』に解説していますので、参照ください。

　ここでは簡潔な活用方法のみ、紹介します。

　②の「共通にみられる価値観」の段階で価値観カードを配布し、価値観カードを見ながら、そのキーワードを参考に、「共通にみられる価値観」の枠に、該当すると考えられる価値観を記入します。価値観は微妙なニュアンスの違いがあります。たとえば、"自己啓発"よりも"自己研鑽"の方がしっくりくるとか、"個性"というよりも、"匠"の方が自分にフィットするなど、私たちは言葉に温度を感じたりします。価値観カードのキーワードをそのまま用いるのではなく、自分らしいフィット感を大切に整理することを心がけます。

　それでも、なかなか記入できないのが価値観だったりします。参加者のペンの進み具合を見ながら、下記のまとめのコメントとともに、補足の意味で、ワークシート「価値観を翻訳するヒント①」「価値観を翻訳するヒント②」を配布してもよいでしょう。

④ 　記入を終えたら、自分の大切にしている価値観をさらに仕事（職場や家庭など）に活かすた

40

のポイントを「これらを日常の仕事により活かすための工夫」の欄に記入します。

⑤ グループ（4〜5名）で1人ずつ順番に、「いきいきしていた経験、やりがいや達成感を感じた経験」「共通にみられる価値観」「これらを日常の仕事により活かすための工夫」を発表します。
　　聞き役のメンバーは、
　　a：「いきいきしていた経験、やりがいや達成感を味わった経験」では、より掘り下げて質問をしたり、
　　b：「共通にみられる価値観」では、批判をしたり、見抜こうと懸命になるのではなく、気軽に提案する態度で、自分にとってどう感じたかを率直にフィードバックします。
　　c：「これらを日常の仕事により活かすための工夫」では、ヒントやアドバイスを提供します。

「共通にみられる価値観」のやりとり例
　「○○の価値観を仕事で大切にできているなんて、羨ましいし素敵なことだと思う」
　「ぼくには○○という価値観よりも、◇◇の方を大切にしているように感じられたんだけど」
　「わたしには、□□などのコメントや今朝からの会話で、他に☆☆も大切にしているように伝わるんだけどなぁ」

「これらを日常の仕事により活かすための工夫」のやりとり例
　「この中でトップ3を選ぶとしたら、どの価値観？　それらはいま100点満点でどれくらい活かせてる？　ここに書いたことを実行すると何点になる？　もう5点上げるために、どんなことができるんだろう？」
　「職場ではずいぶん活かせているように感じられるんだけど、家庭などプライベートではどうなの？」
　「○○のように活かすこともできるんじゃないかな？」

⑥ グループ内でのやりとりから、自分の価値観を改めて見つめ、感じたこと、気がついたことなどを内省します。

"価値観"の翻訳

◆共通にみられる価値観

◆これらを日常の仕事により活かすための工夫

◆いきいきしていた経験、やりがいや達成感を味わった経験

価値観を翻訳するヒント①

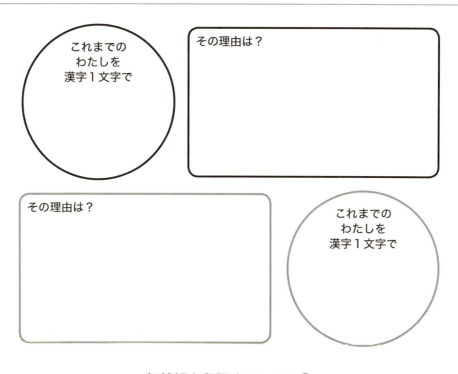

価値観を翻訳するヒント②

次の状況に直面したとしたら、あなたはどうしますか？

余命半年と宣告されたら	神様になにか1つだけ叶えてくれると言われたら
会社が倒産したら	宝くじが当選し、働く必要がなくなったら（収入面）
大切な人を失ったとしたら	もう一度、人生をやり直せるとしたら
他国と戦争になり戦地に赴くとしたら	尊敬する人・憧れの人になれたら

まとめ

　私たちは、仕事というと、その見返りばかりを考え、仕事そのものをあまり重視しない傾向がありますが、良い仕事とは、その見返りだけではかられるのではありません。社会への義務でもなければ、神からの使命を遂行することでもなければ、テストでもありません。仕事とは、いちばん大切にしている自分の価値と共にあるものであり、自分の人生をどのように進めたいのかという基準を示すものなのです。

　「この世の中で行う価値があると思えるのはなんだろう？」

　「わたしが気になって仕方ないのはなんだろうか？」

　「解決すべきだと願う問題は、どんなものだろうか？」……。

　あなたがなにかを選ぶとき、その方向にあなたを押しているのはなんだろうか？　あなたに最もフィットしている仕事環境とは？　あなたの性格を特徴づける一貫した行動は？　……どのようなものだろうか？

　このような問いに対する答えから、自分にとって大切なことの方向性がわかります。

　価値観とは、最も深い自分の関心事の表れであり、情熱に点火する炎なのです。ある大義なり結果なりに、どれだけこころを傾けるかを決めます。成功すれば充実感を味わえる環境がどのようなものかを左右します。

　中核的な価値観と調和したプロジェクトや職場環境にいると、活力に満ち溢れ、やっていることに熱い想いを感じます。そして、そのエネルギーや熱意は伝染していきます。

　価値観とは能動的なものです。"大切だと思う"ということは、私たちの行動につながるのです。あなたの価値観が価値観である理由は、あなた自身がそれを"生きている"からです。

　「生活を維持しなければならない」「収入を上げなければならない」などというプレッシャーが、自分の中核の価値観を表現したいという望みのじゃまをします。そして、次第に、自分自身を知るための価値観そのものも見失ってしまうのです。

　あなたは価値観と調和した生き方（働き方）をしているでしょうか。ほんの少しずつでも、毎日の生活において、あなたの価値観を表す形で行動し始めることです。

　少し乱暴ですが、価値観を知るヒントがあります。自分のお金と時間の使い方を見つめてみることです。この数ヵ月の手帳や通帳を見てみましょう。あなたは時間やお金をどのように使ったでしょうか？　あなたの時間を最も長く使っていることはなんでしょう？　５つ挙げてみましょう。お金を最も多く使っていることも、やはり５つ挙げてみましょう。それは、あなたの価値観について、なにを物語っているでしょうか。

　筆者の価値観は、"成長""匠""誇り"……などが挙げられます。自己研鑽のための時間のやりくりは必死に調整し、研修の受講料や高額の書籍代などはまったく気にすることなく投資します。新しい学びができることで、ほんの少しずつ成長した感があり、その学びを仕事で活かそうと工夫し

ている過程で匠だなぁ……と実感し、学びを仕事で活かすことで誇りを感じます。一方で、スーパーでバナナが30円高かったりすると、「今日はいつもより高いな」とかごに入れるのをためらいます。仕事と自己研鑽で大半の時間を費やしてしまうので、24時間の中で残った時間はほんのわずかです（最近は少し価値観の順位が入れ替わり、"バランス"が上位に顔を出します。そのため、仕事と自己研鑽が中心の出費と時間割が、旅行に時間とお金を割くことで充実感がさらに増すようになっています）。

　ほかにも次のような観点から、価値観を探索することできます。

①未来の自分
　私たちが未来の自分自身を視覚化する際、たいていは、価値観もそこに表れてきます。ある意味で、未来の自分とは、その人が自らの価値観を100％表現したときの姿だということができるからです。

②怒り
　私たちが怒りを感じるとき、そこには価値観が抑圧されている可能性があります。したがって、どんなときに怒りを覚えるかを考えてみると、その裏側に価値観が隠されているかもしれません。

③至高体験
　ワーク２で実施したとおり、私たちがこれまでの人生の中で最もいきいきしていたとき、最も輝いていたときを思い出し、それについて語る中で価値観を探ることができます。

④こだわり（例：夢中になれるもの、時間の使い方、好きな言葉など）
　私たちがなににこだわっているかを整理することも価値観を探る１つの切り口です。注意しなければならないのは、こだわっているのが本人なのか、それとも周囲の期待などからのとらわれなのかを見分ける必要があることです。

⑤なくてはならないもの
　衣食住以外に、あなたにとって"なくてはならないもの"はなんでしょうか？　これは、私たちにとって、決して"譲れないもの"あるいは、"妥協できないもの"としてとらえることもできます。

⑥当たり前
　ときに価値観は、当たり前のことであるがゆえに、"灯台下暗し"で本人には見えにくいことがあります。私たちの日頃の言動の過程で、繰り返し述べられ、明らかなものはなんでしょうか？

⑦思い出（例：好きだったヒーロー、卒業日誌に書いたコメント、感動した映画など）

　至高体験と似ていますが、思い出の中から、大切にしてきたこと、忘れてしまっているけれども、私たちの基盤となっているもの、そこにもしっかりと価値観が根づいていることでしょう。

⑧分岐点での決断［選択・意思決定］（例：就職、進学、異動、結婚など）

　こだわりに含まれるともいえますが、いままでの生活の中で分岐点に立たされたとき、なにを基準にして選び取り、同時に捨てる勇気を呼び起こしましたか。私たちは重要であればあるほど、価値観をもとに判断しているのです。

　組織や業種にかかわらず、リーダー層は自分の価値観を明らかにし、ビジョンを通して価値観を伝え、その価値観に合った活動をしていくことが必要です。自分の価値観と一致した生き方をするためにベストを尽くしてください。

　自分の価値観を見極めたら、それをリストにして、自分にとって最も大切なことを思い出させてくれるリマインダーとしていつも持ち歩くことをおすすめします。筆者は価値観カードをリマインダーとして名刺入れに入れて持ち歩いています。なにか大切な意思決定をする際には、価値観カードを手にし、どちらの選択が自分の価値観に沿っているか、そのものさしとして活用しています。

ワーク2実施後のアイスブレイク

　研修（ワークショップ）初日に〈ワーク2　価値観の翻訳〉を実施した場合、研修2日目のはじめに、初日のふりかえりとして、以下のようなゲーム感覚のアイスブレイクを、筆者は実施します。

　ワーク2で探索した“価値観”（大切にしているものや、大切にしたいこと）の上位5つを価値観カードから選び出します。その5枚のカードとその意味づけをグループメンバーに説明し、メンバーは、質問を通して、さらに深めたり、広げたりというサポートをします。

　価値観を翻訳する過程では、まだまだ表面的な段階である可能性があります。さらに掘り下げるには、シンプルなアイスブレイクなどを活用する機会を設けることで、トランプをするかのように気軽にサポートし合うことができます。

　個人のワークや帰宅後などでは十二分にもがいていただき、仲間とはゲーム感覚で深め合い、広げ合ってもらいます。上記で選んだ言葉は重要なキーワードであり、それを翻訳するのは困難を伴うことだからこそ、ゲーム感覚という互いの関与を心がけています。“難しいことを気軽に語り合う”ときに、気づきを得ることが多いように思います。

第3章 ◆ できること「ＳＥＥＤＳ」の自己理解

ワーク❸

ワールド・カフェ
「生きる意味・働く価値を問う」

ワークのねらい

　ワールド・カフェは「カフェ」のようなくつろいだ雰囲気の中で、参加者が少人数に分かれ、テーマに沿って自由に会話を行い、創造的なアイデアや知識を生み出したり、相互の理解を深めたりすることができるという可能性を秘めた対話の手法です。ワールド・カフェの手法を用い、生きる意味や生きがい（働きがい）など、ライフキャリアの根幹となる人生観（人生哲学）を語り合います。難しいテーマを気軽に語り合うことで、さまざまな角度から気づきが得られ、肚落ちできる可能性が導き出されます。

進め方

①事前課題

　『キャリアの成幸者─新しい眼で自分を見つめ直す─』『幸せサプリ─幸せな習慣づくり─』（いずれもKindle版）の熟読を提示しておきます。

②場づくり（準備）

　研修当初からのグループもしくは、メンバーをシャッフルして、４〜５人のグループをつくり、テーブルに座ります。テーブルにはテーブルクロスに見立てた模造紙と各自１本以上の水性マジック（各色）を用意します。非日常を演出するために、テーブルクロスを敷いたり、テーブルの中央に花瓶やちょっとしたバスケットを用意するなど、おもてなし（ホスピタリティ）の気持ちで演出することもポイントです。

③カフェトーク・ラウンド（対話を楽しむ）

　１ラウンドおおよそ20〜30分で、設定されたテーマに沿ってリラックスした対話を楽しみます。話し合いで出たアイデアや感想を、各自が自由に模造紙に書きとめていきます。

　たいへんシンプルな仕掛けですが、話し合いが進むうちに、この落書きを通して意見が深まり（アイデアとアイデアが結びつき）、新たな気づきや洞察が生まれ、カフェの醍醐味を体験できます。

47

[テーマの例]

ラウンド1：「生きるとは」「働くとは」

ラウンド2：「成功とは」「幸福とは」

ラウンド3：「生きがいとは」「働きがいとは」

④シャッフル（メンバー変更）

1ラウンドが終わるころにテーブルに残る人（ホスト）を決め、それ以外のメンバーは別のテーブルへ散らばります。残ったホストは自分のテーブルで話し合われた内容を新しいメンバーに説明し、さらに対話を深めます。

⑤最終ラウンド

2～3ラウンドを繰り返し、最終ラウンドで全員が最初のテーブルに戻ります。別のテーブルで得られた気づきやひらめきなどを交換し、さらに全体で共有を図ります。

⑥成果の掲示

WANTS（第5章参照）の際に確認できるように、語り合った模造紙をホワイトボードに全員が見えるように貼っておきます。

ミニ講義～まとめにかえて

ワールド・カフェ

ワールド・カフェは、アニータ・ブラウンとデイビッド・アイザックスによって、1995年に開発・提唱されました。

彼らが、当時世界的に関心が高まっていた知的資本経営に関するリーダーたちを自宅に招き、話し合いの場づくりを行ったことをきっかけにして生まれました。集まったゲストがリラックスしてオープンな話し合いを行えるよう「カフェ」のような空間を演出したところ、想像できないほど多くの知識や洞察が生まれたことに感銘を受け、主体性と創造性を高める話し合いのエッセンスを抽出してまとめたのがワールド・カフェです。

「知識や知恵は、機能的な会議室の中で生まれるのではなく、人々がオープンに会話を行い、自由にネットワークを築くことのできる『カフェ』のような空間でこそ創発される」という考えに基づいた話し合いの手法です。

ワールド・カフェは、リラックスした雰囲気の中で、少人数に分けたテーブルで自由な対話を行い、ときどき他のテーブルのメンバーとシャッフルして対話を続けながら、テーマに集中した対話を繰り返します。

[ワールド・カフェの効果]

- 発言しやすい

　ワールド・カフェは、少人数での対話の場をつくるので、各自、発言しやすく、発言の機会が多く与えられます。

- 参加者全員の意見が集まる

　ラウンドごとにシャッフルすることにより、大人数でも多くの人との意見や知識の共有ができます。

- 共感が生まれる

　ワールド・カフェの参加者の中に、共通性を見出したり共感が生まれたり、親しみや信頼関係を生み出すこともできます。

　蜂や蝶が蜜を求めて花から花へと飛び回るように、参加者がテーブルをめぐって多様な洞察を集め、結びつけ、アイデアを「他花受粉」することによって、個人ではたどりつけない集合的な知恵を紡ぎ出していく。そこにワールド・カフェの真髄があります。

生きがいと働きがい

　あなたは、「いまのままの延長線上に埋没したまま生きていくつもりなのか？」「それで本当に満足できるのか？」などと、もう1人の自分が問いかけてくることはありませんか。

　長い一生の間には、ふと立ち止まって自分の「生きがい」「働きがい」はなんだろうか、と考えてみたり、自分の存在意義について思い悩んだりすることがあります。

　「自分はなんのために、なにを求めて生きているのか（働いているのか）」と自らに問いかけます。人生を真剣に生きようとする人、人生に意味や価値を求めようとする人、自分の人生を切り拓き、大切に生きようと願う人、そのような人々の人生の過程には、この問いに真面目に取り組もうとするプロセスが存在します。

　神谷美恵子は、エッセイ集『旅の手帖より』の中で、「生きがいを問題にすることは、相当に進んだ精神の持ち主でないと考えられないことですし、また少し深くものを考える人にとっては、自分が生きている意味や価値がなんだろうと自己の存在の根源を問うことは避けられない根本的な問いの一つだと考えられる」と述べています。

　また、セーレン・キルケゴールは、「自分自身を失うという最大の危機が、世間では、まるでなんでもないことのようにいとも平静に行われている。これほど平静に行われている喪失はない。ほかのものなら、一本の腕であれ、一本の足であれ、金貨であれ、そのほかなにを失っても、すぐに気がつくくせに」と述べています。

　古代ギリシアの哲学者、ソクラテスとプラトンは以下のように述べています。「一番大切なこと（最も尊重しなければならないこと）は、ただ生きることではなくて、よりよく生きることである。吟味を欠いた人生は、人間にとって生きるに値しない」（ソクラテス）、「人は、ただ生きるだけで

はなく、よりよく生きることを求める」（プラトン）。

　さらに『夜と霧』の著者ヴィクター・フランクルは、「生きる意味についての問いに対する自分なりに納得のいく答えを探し出すことは、人間が成長し成熟していく上できわめて重要な意味を持つと考えています。ですから、この問いにとらわれ、悩み苦しむ人に対しては、そこから逃げず、むしろこの問いに正面から取り組むよう励ますべきだ」と述べています。

　そして、人生の意味を疑い始めた者の「生きる意味」についての問いは、「けっして病理的な表現ではなく、むしろそれこそ『人間における最も人間的なものの表現』に他ならない。なぜならば、『生きる意味』を求めずにいられないところに、人間の人間たる証があるからだ」とも述べています。

　いまの時代、働きがいを感じて働くことが困難になっていると感じます。ニートや若者の離職の多さは、それを表しているように思えます。もちろん昔も必ずしもやりがいのある仕事ばかりではなかったでしょうし、いやいや働いていることも多かったのでしょう。しかし、昔は働かないと実際生きていけなかったという状況があったため、働く意味を考えずに済んでいたといえます。

　現代は、ある意味、働かなくても生きていける時代です。逆説的ですが、だからこそ働くために、働く意味（生きる意味）など、私たちの根底となる事柄を考えることが必要になってきたのだと思います。

　ライフキャリアの概念を提唱したアメリカの学者サニー・S・ハンセンは、著書『*Integrative Life Planning*（統合的人生設計)』の中で、「内面的な意義や人生の目的・意味を探求する」ことの重要性を述べています。

　もちろん、このような深いテーマは、短い時間で整理できるものではありません。さりとて、長い時間かければ整理できるかというと、そうとも言い切れません。ライフキャリアデザインという人生設計を構築する上で、「生きる意味」「生きがい」「働きがい」などの人生観（人生哲学）を素通りしてはならないと考えています。

　これからの自分のキャリア、未来の自分、今後のありたい姿を自分自身がどのようにとらえるかということが、1人ひとりのこころの有り様、行動、態度を規定します。自分のキャリアを考えるということは、本質的な意味づけにおいて、それは個人の「生き方の問い直し」であるといえます。

　「仕事」は「人生」と、「働き方」は「生き方」と背中合わせで、誰にも肩代わりできない、1人の"生"に直結しているからです。

　人生観とは、自分の人生の目的・使命をいかに考えるかということでもあります。

　フランクルは、「人生におけるミッション（使命）というものは、つくるものではなく発見するものである。すべての人は、人生における独自の仕事あるいはミッションをもっている」と述べています。私たちは、かけがえのない存在になるべく生まれている訳ですから、使命を知る第一条件は、自分が何者であり、どのような人間になるべきかを知ることといえます。

人生観（人生哲学）は、働く上で、行動の源泉であり、支柱となります。企業経営には、経営ビジョンの土台に経営理念（ミッション）があるように、私たちの自分経営にもビジョンだけではなく、ミッションが必要となります。そして、多くの素晴らしい経営者、スポーツ選手などは、必ずといってよいほど、自分の哲学を持っています。

　イチロー選手は、「生きがいとは、手応えを感じて、手応えを重ねること」といっています。

　あるとき、イチロー選手が、あるピッチャーとの対戦で、何試合もヒットを打てず押さえ込まれていました。そのときのインタビューのやりとりです。

　「あのピッチャーは、苦手のピッチャーですか？」との問いに対して、イチロー選手は答えました。

　「いいえ、彼は、自分の可能性を引き出してくれるピッチャーだと思います」

　そして、こう付け加えました。

　「だから、自分も、彼の可能性を引き出せるバッターになりたいですね」

　このコメントの中に、イチロー選手の生きがいが行動となって語られており、困難とは、素晴らしい機会であることを感じとることができます。

　また、京セラの創業者である稲盛和夫は著書『生き方』の中で、「人間が生きている意味、人生の目的は『心を高めること、魂を磨くこと』であり、そのためには、『日々懸命に働くことがなによりも大事』なのだ。働くとは、単に生きる糧を得るという目的だけではなく、欲望に打ち勝ち、心を磨き、人間性をつくっていくという効果がある」と述べています。

　私たちは、意味や価値を感じられないことには、やる気を持って取り組めないどころか、拷問となる可能性があります。たとえば、ギリシア神話には、ある罪を犯し、その罰として、ゼウスから意味のない行動に永遠に従事させられるシーシュポスという人が出てきます。ゼウスたちを騙したシーシュポスは、罰として岩を山頂に押し上げるように命じられました。ところが岩は山頂に達すると、すぐに転がり落ちてしまいます。シーシュポスは、永遠に岩を押し上げ続ける刑に処せられたのです。シーシュポスの辛さは、単に重い岩を押し上げていく肉体的な辛さではありません。いったいこの辛い労働がいつまで続くのか、目標に近づいているのか、このことになんの目的（意味）があるのかが不明なことです。これは私たち人間にとって拷問を意味します。

　また、かつてシベリアの強制収容所では、朝、シベリアの凍土へ行って穴を掘り、昼の休憩の後、朝掘った穴を埋める作業をするという強制労働があったといわれています。

　逆に、意味さえ自分の中で見出していれば、私たちはどんなに過酷な状況にも耐えることができます。フランクルは、過酷な強制収容所の中で、その環境に耐えられることができたのは、屈強な身体を持っていた者ではなく、「生きる意味（こうまでして生きる意味とは？）」もしくは収容所での「苦痛の意味」、「死ぬ意味」（このような無価値な労働に耐えなければならない意味は？　こんなところで死ななければならない意味は？　ということに対する答え）を持っていた者だけだったと述べています。彼はニーチェの言葉を借り、「なぜ生きるかを知っている者は、ほとんどあらゆ

るいかに生きるかに耐える」とも述べています。さらに「この世界には、たったひとつだけ、身の回りで起こる問題や内なる苦しみを克服するときに大きな力になるものがある。それは、人生には自分を待ち受けている課題があるという意識である」と述べています。

　自分がやっていることの本当の意味はなんなのか、それに気づいたとき、人はこころの底からやる気を出すことができます。"モチベーション"は、自分を「つき動かすもの」という意味を持っています。外的な報酬ではなく、こころの奥底から湧いてくるエネルギーは、安定した力を生み出すのです。

　ストレス社会に生きる私たちであっても、本当にやりがいを持って働けている人は、猛烈な仕事量をこなしていることが多いものです。本当にストレスフルなのは、仕事量が多いことではなく、意味が感じられないままさせられている仕事量が多いことなのです。

　「じゃあやっても意味がないから」と、やらないでいると、結局一歩も前進することはなく、充実を感じることもありません。それはかえって働く意味を損ねることになってしまうのです。

　逆説的ですが、意味がないと感じられてしまうことに取り組める能力も、目標にたどり着くために、そして働く意味を見つけるために、とても重要なことなのです。なぜなら、意味がないと感じられる仕事が集まって、意味のある仕事になるからです。

　意味を見出そうとして働くことが大事な一番の理由は、意味を見出そうとして働かなければ、意味を見逃してしまうからです。意味はそれを見つけようと準備している人にだけ発見されるのです。

　なにか意味が見つからないか、意味が感じられる仕事にならないか、そう思って仕事をしていると、意味が自動的・選択的に見えてくるのです。フランクルが述べているとおり、意味は「そこに存在するもの」ではなく、「発見するもの」だからです。

　フランクルはあるとき学生に「人間とはなんでしょうか?」と問われました。彼は、「人間とは『なにか』ではなく、『なにか』になる機会を備えた存在です。しかもそれは、唯一無二の、素晴らしい『なにか』です」と答えています。

　ワーク3を実施することで、参加者の中に違和感として、「自分の生きがいとは、人生哲学とは」という問いが生き続け、研修後であっても、その問いに応じられるアンテナを築いておけるのでは? というのが筆者の願い(祈り)です。

　筆者は、参加者の対話のプロセスに耳を傾け、参考になるであろう資料をいくつか事前に準備しておき、選択しながら配布しています。その一例を以下に紹介します。

神谷美恵子「生きがい感の特徴」

　①人に生きがい感を与えるもの

　②生活を営んでいくための実益とは必ずしも関係はない

　③やりたいからやるという自発性を持っている

　④まったく個性的なものであって、自分そのままの表現である

⑤生きがいを持つ人の心に、一つの価値体系を作る性質を持っている

⑥人がその中でのびのびと生きていけるような、その人独自の心の世界を作る

『生きがいについて』（みすず書房）

神谷美恵子「生きがいの種類」

①生存充実感の欲求を満たすもの

②変化と成長への欲求を満たすもの

③未来性への欲求を満たすもの

④反響への欲求を満たすもの

   ａ．共感や愛情、愛の交流

   ｂ．優越または支配によって、他人から尊敬や名誉や服従を受けること

   ｃ．服従と奉仕によって、他から必要とされること

⑤自由への欲求を満たすもの

⑥自己実現への欲求を満たすもの

   この人でなければできないという独自性を帯びていること、創造の喜び。自己に与えられた命を
どのように用いて生きていくかという、生き方そのものがなによりも独自な創造である

⑦意味への欲求を満たすもの

   自分の存在意味が感じられるようなあらゆる仕事や使命

『生きがいについて』（みすず書房）

白石浩一　「生きがいをつかむ手がかり」

①生きがいとは、生きる目標設定である……例：マイホームを持ちたい、お金を儲けたい、教養を豊
かにしたいなど

②生きがいとは、目標への挑戦であり、闘いである……自らの内なるマイナス因子（怠け心、甘やか
しなど）に対する闘い

③生きがいとは、確かな「手応え」である……「生きているんだ」という鮮烈な実感「生きるしるし」

④目標は一生をかけるに値するもの、生涯をかけて悔いのないものでなければならない……麻雀やパ
チンコではなく、もっとかけがえのない一回きりの人生を過ごすために悔いのないものを目標にす
る

⑤目標設定にあたっては「洞察力」をできる限り働かせるべきである……洞察には経済的な生活設計、
長期的展望に立っての人生プランも含まれるが「私は何者なのか」「私はどういう人になりたいのか」
「私はどういう一生を送りたいのか」と自分をしっかりと見つめることが真の洞察である。目標は、
複数のこともあるし、年齢と共に次々に新たに変えていくことも大切である

⑥目標把握は価値の創造である

⑦生きがいとは、意識革命である……今までにできてしまっている観念、お仕着せの価値観にとらわれた考え方を突き崩す革命を起こす必要がある（自分の意識を変える革命である）

⑧生きがいとはよく生きることであり、よく生きるとは「美しく生きる」ことを含んでいる

『生きがいの心理学─ほんとうの自分を生きるには─』（海竜社）

白石浩一　「美しく生きるために」

①自分の人生に目標を持つこと。この目標は、観念的抽象的なものではなく、ひるがえる旗のように具体的で鮮やかでいきいきとしたものでなければならない。

②自分の世界というものを持っていること。趣味でも、学習でも、社会活動でもいいから、無我夢中で打ち込めるもの、張り合いを実感できる、自分の世界を持っていること。

③心にゆとりを持っていること。あるがままを受け入れる、許容の気持ちである。現状をあるがままに受け入れた上で、やるべきことを、ゆっくりと一歩一歩自己実現を図っていく、そういう悠然とした心境がゆとりである。

『生きがいの心理学─ほんとうの自分を生きるには─』（海竜社）

小林司　「生きがい感」

　どうやら、自分が生きている価値や意味があるという感じや、自分が必要とされているという感じがある時に、人は生きがいを感じるものらしい。必要とされているということは、自分が生きていることに対する責任感であり、人生において他ならぬ自分が果たすべき役割があるということを自覚することである。生きがい感は生存充実感であって、感情の起伏や体験の変化を含み、生命を前進させるもの、つまり喜び、勇気、希望などによって、自分の生活内容が豊かに充実しているという感じなのである。

『「生きがい」とは何か　自己実現へのみち』（ＮＨＫ出版）

上田吉一　「生きがいを持つための条件」

①人生に希望を持っていること

②自らの役割の自覚があること

③明瞭な価値観に支えられていること

④アイデンティティを失わないこと

⑤根性を持って障害に立ち向かうこと

『自己実現の心理』（誠信書房）

上田吉一 「生きる意味・価値」

　生きがいとは、本来生きる値打ちのある生き方、生きるに値する生き方であり、これを追求するということは、生きる意味や価値を求めることをいうのである。

　どのような生き方が生きるに値する生き方であるかは、個人の人格とくに彼の成長段階によって異なったものとなる。ちょうど欲求の階層論が、ある個人が安全の欲求を最も強く求め、またある個人は愛情の欲求を求めるというように、成長の段階によって欲求を異にするように、生きがいも、個人によってそれぞれ異なった段階の欲求や価値観をもち、それが満たされるときに、はじめて生きる意味を感じることができる。

　人間は、本来価値に対する強い願望をもってはいるが、低次欲求の段階では、これらの価値そのものよりも、先ず食欲や安全の欲求などを満たすことが優先せられ、これらの欲求の対象となるものが価値あるものとされる。

　高次欲求の支配的な人格においては、もはや自己の利害が行動の動機とはなっていない。これを超越して、もっぱら価値を追求する。彼らは、このような価値を義務として求めるのではなく、自らの真の欲求対象として求めているのである。

『人間の完成―マスロー心理学研究―』（誠信書房）

「生きがい感」と「幸福感」の違い

　フランクルは、「生きがいと幸福感（楽な生活）を安易に混同してはいけない。生きがい感の方が自我の中心に迫っており、幸福感には自我の一部だけ、それも末梢的なところだけで感ずるものもたくさんある。その場限りのハッピーな感覚、目先の幸福感だけでは、実は人間の心の中心を埋めることはできない。生きがい感には幸福感の場合よりも一層はっきりと未来に向かう心の姿勢がある。つまり、一時の感情や感覚、ムードだけに流されずに、将来を視野に入れて自己を充実される生き方を探ろうとする姿勢が込められている」と述べています。

　飯田史彦も「幸福感には、現状に満足し現状維持的なニュアンスが感じられる。これに対し、生きがい感は、現在の幸福よりも未来の自己実現にウエイトを置くところにある。極端な場合、現在の幸福は犠牲にしても、それほどまででなくとも制限したり延期しても、未来の自己実現を目指すことに、生きがい感を感じることが多い。ゆえに、生きがい感は未来志向的である」と述べています。

　「幸せになりたい」「どうしたら幸せになれるのか」と、私たちは自分のいまいる状態から、さらに上の水準を目指して、たえず求めがちです。こうなると、どうしても「いまの自分」が幸せであると、考えることはできにくくなります。

　ルソーは幸福について、「人は常に自分の幸福を望むものだが、常に幸福を見分けることができるわけではない」また、「人間の幸福というものは、ときたま起こる素晴らしい幸福よりも、日々

起こってくる些細な便宜から生まれるものである」と述べています。

　生活が根本的に変わるような出来事がなければ、幸せとはいえないと考えてしまえば、いつまでたっても、大きな変化だけを追い求めるだけで終わってしまいます。実は、意外なところに大切なことがあるのかもしれません。それは毎日、自分が生活していけることに、もっと意味を見出し、「仕事がある」「家族がある」「子どもがいる」「おいしい食事がある」「庭に花が咲いている」……このようなことに目を向けることが大切なのかもしれません。

　オリンピックの100メートル競走で、トップからほんの一瞬遅れて2位でゴールを通過した人は、敗者であると宣告されます。その選手は地球上で2番目に速い人というのに敗者なのです。

　産業界や教育界など、私たちが暮らすこの社会は、ピラミッド型の制度が幅を利かせています。企業ではトップに君臨する人だけが勝者であり、金持ちと結婚するとセレブと呼ばれ、特別扱いされます。

　しかし、このようなことだけが成功を測るものさしではありません（成功という言葉自体が少し不適切なのかもしれません）。

　以下の言葉からもわかるように、ライフキャリアも、たくさんの勝者に席を用意しています。

> 「最もよく人を幸せにする人が最もよく幸せになる」　　　　　　　　　　（立石一真）
> 「たくさん持っている人が豊かなのではなく、たくさん与える人が豊かなのだ」（エーリッヒ・フロム）
> 「人は手に入れるもので生活を立て、与えることで人生をつくる」　　（ウィンストン・チャーチル）
> 「人に生きがいを与えるほど大きな愛はなく、人から生きがいを奪うほど残酷なことはない」
> 　　　　　　　　　　　　　　　　　　　　　　　　　　　　　　　　（神谷美恵子）

　どのみち、誰も私たちに幸福を保障してくれることはできません。しかし、幸福を求めて努力することであれば、自分自身で保障することができます。誰も成功を保障してくれなくとも、それに向かって努力することなら自分の意志でできます。

　インドの賢者ジッドゥ・クルシュナムルティは、著書『子供たちとの対話　考えてごらん』の中で、次のように述べています。

　「きみたちは考えたことがあるだろうか？　私たちは有名になりたいと思っている。小説家や詩人や、画家や、政治家や、歌手や、そのほかいろんなものになって、みんなに認められたいと思っている。なぜだろう。

　それは私たちは自分のしていることが本当は好きではないからだ。もし物語を書くことが好きなら、詩を書き、歌をうたうことが好きなら……それも、本当にこころから好きなら……、自分が有名かどうかなんて気にならないはずだ。……現在の教育は腐っている。なぜなら、きみたちに『自分のしていることは好きでなくてもかまわない。成功を好きになりなさい』と教えているからだ。

行動よりも、結果の方が大切になってしまっているからだ」

　三木清は『人生論ノート』の中で、「成功と幸福とを、不成功と不幸とを同一視するようになって以来、人間は真の幸福はなんであるかを理解し得なくなった。自分の不幸を不成功として考えている人間こそ、まことに憐れむべきである。他人の幸福を嫉妬する者は、幸福を成功と同じに見ている場合が多い。幸福は各人のもの、人格的な、性質的なものであるが、成功は一般的なもの、量的に考えられ得るものである。だから成功は、その本性上、他人の嫉妬を伴い易い。純粋な幸福は各人においてオリジナルなものである。しかし成功はそうではない。エピゴーネントゥム（追随者風）は多くの場合、成功主義と結びついている。近代の成功主義者は型としては明瞭であるが個性ではない」と述べ、さらに、「成功は量的な相対評価に過ぎず、一方、幸福はオリジナルな個性である」と喝破しました。

　　「幸せになろうという望みを抱いた人は、その時点ですでに幸せの切符を手にしている」

（エイブラハム・リンカーン）

ワーク ❹

わたしとは何者か

ワークのねらい

　自分の強み、興味・関心、価値観、生きる意味（価値）など、自己概念（自己像）「自分とは何者か」の中核的な要素を整理します。これまでのワーク１〜３を統合するものです。

進め方

①　ワークシート「わたしとは何者か」を配布し、すべての項目の記入を求めます。各問の回答は１つでなくてもよいことを伝えます。

②　記入を終えた後、問１から順に、以下の手順で、答えを１つずつ述べ合います。
　　講師（ファシリテーター）は、「問１わたしのいきがいとは……はいスタート」などと言い、各グループ（４〜５名）の１人目からのコメントを促します。１人目が応え終えたら、２人目に移り、最後のメンバーが発言した後、時間があれば、それぞれ質問をし合ったり、共感をし合うなど、時間を十分に使い切ることを伝えます。
　　講師（ファシリテーター）は、タイマーで、１問ずつ時間を計測して終了を告知します。問いの重み（深さ）、グループの盛り上がりなどを考慮に入れ、それぞれの問いの時間を調整します。

ふりかえり&まとめ

　これまでのワークで、「どのようなことに気づきましたか？」あるいは、「どのようなことを学びましたか？」とペアで語り合う時間を設けると、「自分のことについて、まったく理解できていなかった」「これほど自分についてふりかえったことはなかった」「ただただ焦るだけで、前に進むことだけを良しとしてきた」「自分を知っているようで、表面的だった。まだまだたまねぎの皮を剥く必要がありそうだ」などのコメントを多くいただきます。

　スピードの時代に生きる私たちは、ふりかえりの価値に気づこうともしません。鏡で自分の外見は見ますが、他者からの意見、周囲からの意見を鏡として内面を見つめることをしようとしません（活かしきれていません）。

「わたしとは何者か」

1. わたしの生きがいとは _____ です

2. わたしにとって仕事とは _____ です

3. 生きる上で大切にしていることは _____ です

4. わたしは _____ しているとき、充実感に満たされます

5. 笑顔で満たされるときは _____ です

6. わたしが大切にしていることは _____ です

7. 働くということはわたしにとって _____ です

8. わたしにとって幸福とは _____ です

9. わたしが輝いている最高の瞬間は _____ です

10. 働きがいを実感するときは _____ です

11. わたしが誇りに思うことは _____ です

12. あっという間に時が過ぎてしまう仕事の瞬間は _____ です

13. 生きる価値・意味とは _____ です

14. 仕事の上で感激・感動したことは _____ です

15. 人生をふりかえったとき、わたしの人生は _____ です

16. わたしが残したい足跡は _____ です

「汝自身を知れ」というアポロン神殿に刻まれた古代ギリシアのデルフォイの格言があります。また、古代ギリシアの哲学者であるソクラテスは、「無知の知」という言葉で多くの人に名を知られています。

　自分のことについて知らないという「無理の知」を自覚することが、ライフキャリアの出発点だといえるのかもしれません。

第3章 ◆ できること「ＳＥＥＤＳ」の自己理解

ワーク ❺

ライフキャリア・ネットワーク

ワークのねらい

　キャリアカウンセリングの大家ジョン・D・クランボルツは、「わたしの成功のうち、努力が占める要因は、わずか2割。残りの8割は、いい方々との出会いによるところが大きい」と述べています。

　自分のネットワークを整理し、戦略的に行動を起こすことは、自己理解同様、たいへん重要で、価値あることです。

進め方

①　小サイズの付箋紙を配布し、人脈だといえる人の名前を付箋紙1枚に1人ずつ記入します。

②　記入が終わったら、ワークシート「ライフキャリア・ネットワーク」を配布します。最初に、左上の重要な利害関係者に該当する人物を記入します。付箋紙に書いた人物と重なると思われますが、重複することがある（むしろ、重複すべき）ことを伝えます。濃い円から薄い円まであるので、最も良好な関係は濃い位置に、という基準で付箋紙を貼ります。

　　（註）研修の企画段階で人的ネットワークを詳細に整理したいという場合は、ワークシート「ヒューマンネットワークMAP」に取り組みます。

③　グループ（4～5名）内で、どのような配置になったかを簡潔に説明し合います。

④　講師（ファシリテーター）より、以下の質問をします。

　a：「あなたのライフキャリアの成功（充実でも幸福でも可）の要になる人物はどれくらい近くにいますか？」

　b：「この先、鍵となる人物は誰ですか？（複数でも可）」

　c：「なにがあれば、その人物との関係が1ステップ（1カラー）近づきますか？」

　　それぞれの質問ごとに、グループで互いの意見を分かち合います。

　　自分自身の回答や参考となるメンバーの意見は、ワークシートに記入しておくことを指示します。

　　最後に、重要な利害関係者からの期待や要求を相手の立場から考えます。

61

重要な利害関係者からの期待、要求

関係者＿＿＿＿が、自分に期待していることは
＿＿＿＿＿＿＿＿＿＿＿＿＿＿＿＿＿＿＿＿＿であると考えられる。
関係者＿＿＿＿が、自分に期待していることは
＿＿＿＿＿＿＿＿＿＿＿＿＿＿＿＿＿＿＿＿＿であると考えられる。
関係者＿＿＿＿が、自分に期待していることは
＿＿＿＿＿＿＿＿＿＿＿＿＿＿＿＿＿＿＿＿＿であると考えられる。
それを満たすには、
＿＿＿＿＿＿＿＿＿＿＿＿＿＿＿＿＿＿＿＿＿が困難。
＿＿＿＿＿＿＿＿＿＿＿＿＿＿＿＿＿＿＿＿＿が必要。
そのために、＿＿＿＿＿＿＿＿＿＿＿＿＿することが有効と考えられる。

ライフキャリア・ネットワーク

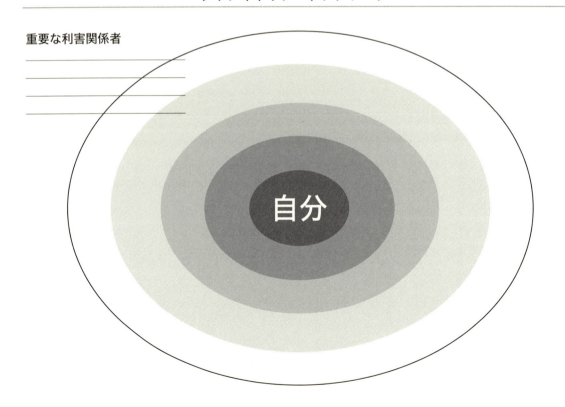

第3章 ◆ できること「SEEDS」の自己理解

ヒューマンネットワークMAP

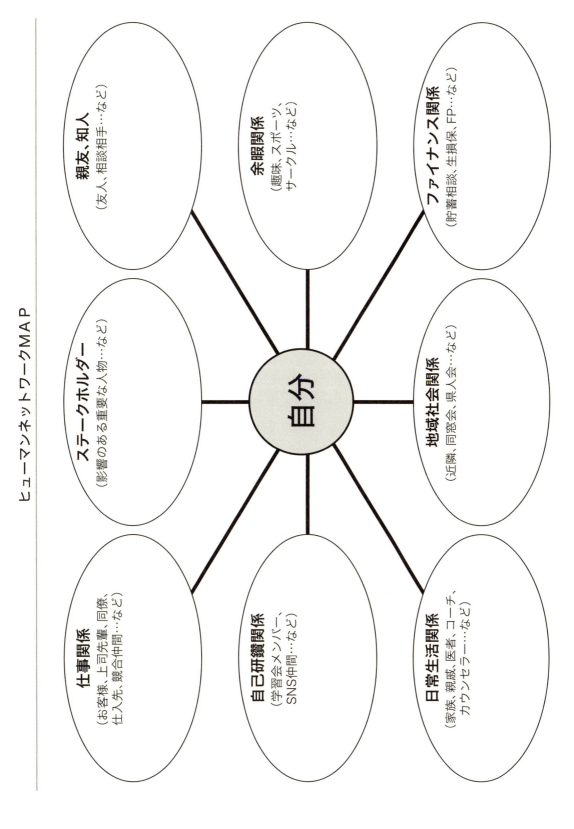

ミニ講義〜まとめにかえて

人儲けは、人生の"宝脈"です。

教育者の森信三は、「人間は一生のうちに、必ず会うべき人に会う。一瞬早からず、一瞬遅からず会う。ただ、内に求める心がなければ、たとえその人が面前にあっても、縁には生じない」と述べています。

相田みつをも「その時の出逢いが人生を根底から変えることがある　よき出逢いを」と出会いの重要性を教えています。先哲の多くが、人生に幸福をもたらしてくれる出会いにこころを開いて、自ら積極的に求めていくことの重要性を説いています。

「あのとき、たまたま師とのご縁があったから、いまの仕事が充実しているんだよなぁ。師との出会いがわたしの人生の分かれ目だった」と筆者も実感し、亡き師にこころから感謝しています。

マネジメントスキルについて研究しているダニエル・レビンソンらは、「以前は頻繁に会っていたけれど、現在は連絡をとっていない人たち」との関係を「復活」させるとどのようなことが起こるかという実験をしました。

この実験は、企業の管理職200人以上を実験参加者として、少なくとも３年間休眠状態にある相手に突然連絡をし、いまの仕事についてのアドバイスを求める、というものでした。そして、アドバイスをもらった後、それがどれくらい役立ったかを評価します。

実験の結果、休眠状態のつながりからもらったアドバイスの方が現在進行形のつながりからもらったものよりも価値があったということがわかりました。

それは、音信不通だった間に、それぞれが新しいアイデアや、ものの見方にさらされていたために、休眠状態のつながりの方が、より多くの新しい情報をもたらすからではないかと考えられています。

遠くにいてたまに会うくらいの関係にある人ほど、自分と異なる経験をし、自分と異なる価値観を持ち、自分と異なる情報を持っていることが多かったりします。自分と違う環境にあり、同時に信頼のできる人の話に耳を傾けるうち、「あぁ、これが本当に自分のやりたい仕事、自分にできる仕事なんだ」という希望の発見があります。

マーク・グラノヴェターは、雑音のない正確な情報によって判断するには、自分の周りだけに閉じていない、開かれたゆるやかなつながりが効果的であることを強調しています。いつも一緒にいたり、毎日のように連絡を取り合う友人がいることは、安心感を与えてくれます。一方で、いつも会うわけではないけれど、ゆるやかな信頼でつながった仲間は、自分の知らなかったヒントをもたらしてくれるのです。

セレンディピティ（serendipity）という言葉があります。なにかを探しているとき、偶然に意外な出来事に出会うことでひらめきを得て、もともと探していたのとは別の価値のある大切ななにかを発見できる才能のことを意味します。こんなときにも、ゆるやかなつながりは効果的なのではな

いでしょうか。

　私たちは日頃身近にいる人たちを中心として交流する傾向があります。そのため、環境が変われば、新しい関係での交流が始まり、同時に休眠状態の知人も増えていきます。

　新しい関係に比べると休眠状態の関係への期待が低く見積もられすぎているのかもしれません。休眠状態のつながりも私たちの大きな財産としてとらえ、しばらく連絡をとっていない人たちのリストをつくってみてはいかがでしょうか。

　人は1人ひとり違うという前提に立つことで、誤解やトラブルを回避できるだけでなく、そこから生まれる利点もたくさんあります。

　1つめは、"わかっているはず"とか"こう思うはず"という"はず"を外すことで、固定観念を持たずにまっさらな気持ちで相手を理解しようとします。

　2つめは、人と違うからといって自分を否定する必要もないし、自分と違う価値観を持つ他人も否定する必要もない。つまり、自分と相手の価値観や思いをどちらも大事にできます。

　3つめは、1人ひとり違うからこそ世の中がうまくいくということ。人はそれぞれ、できること、得意なこと、やりたいこと、ほしいものが違います。だからこそ、自分のできないことをできる人に協力してもらったり、自分の得意なことで誰かの役に立ったりします。

　4つめは、人とつながる喜びが増えます。なぜなら、同じ思いを持っていて当たり前という前提でいると、なにかずれが起きたときに落胆します。しかし、体験も感じ方もまったく違うという前提に立つと、違っていて当たり前、もしほんの少しでもわかり合えたり共感し合えたりしたときには、喜びが生まれ、相手とのつながりを感じることができるのです。

　自分とは"違う"人に出会い、対話をすることによって、新たな視点や価値観を知り、世界が広がります。"違う"からこそもたらされるものは大きいものです。

　「正しいコミュニケーション」ではなく、「自分らしいコミュニケーション」を心がけることが大切ではないでしょうか。

　以下に"人儲け"のコツを紹介します。当たり前のことばかりですが、当たり前のことを当たり前にすることで信頼（信用）を得ることができます。

- ストローク（承認）を惜しまない
- 信頼残高を常に貯金する
- ポジティブな面をフィードバックする
- 真剣に耳を傾ける（話を最後まで聴く）
- 誠実に接し協力を惜しまない
- 約束を守る（できない約束は交わさない）
- 嫌なことでも率直に伝える

- 悪い情報こそ早めに伝え、詫びる
- 求めている情報を提供する
- 楽しませる（ユーモアのセンスを磨く）
- 誕生日にメールを送る（プレゼントをする）
- 記念日を覚えて花を贈る
- 強制しない
- あたたかい、思いやりのある態度で接する
- 笑顔を絶やさない
- 相手が大切にしている人に配慮する
- 相手の価値観を尊重する
- 家族ぐるみで付き合う
- 優先的に会うための時間をつくる
- 相手が大切にしているものを大切にする

『ワーク・シフト』の著者リンダ・グラットンは、働き方の未来を切り開くためには、3タイプの人的ネットワークを積極的に築いていく必要があると述べています。

①ポッセ（同じ志を持つ仲間）
　いざというときに頼りになり、長期にわたって互恵的な関係を築ける少人数のグループ。ポッセを機能させるためには、お互いに役に立てる可能性があるメンバーの集まりであること（そのためには、メンバーの専門分野がある程度重なり合っていること）。そして、お互いに信頼し合い、お互いを助けたいと思い、お互いのために時間を割くつもりがあるメンバーの集まりであることです。
　難しい課題に立ち向かうときポッセが頼りになるのはいまに始まったことではありませんが、イノベーションを生み出す源泉には、多様性のある仲間（②、③）が求められます。

②ビッグ・アイデア・クラウド（大きなアイデアの源となる群衆）
　多様性に富んだ多人数のネットワークのことです。スケールの大きなアイデアや新たなコネをもたらす機能を果たします。このネットワークに属する人たちとは、ネット上だけの付き合いでもかまいません。

③自己再生のコミュニティ
　頻繁に会い、一緒に笑い、食事を共にすることにより、リラックスし、リフレッシュできる人たちのことです。このメンバーとは、現実の世界で頻繁に会い、一緒に食事をしたり、冗談を言って笑い合ったり、プライベートなことを語り合ったりして、くつろいだ時間を過ごします。生活の質

を高め、こころの幸福を感じるために、このような人間関係が必要となります。

　関心分野を共有する少人数のブレーン集団である「ポッセ」、多様なアイデアの源となる「ビッグ・アイデア・クラウド」、そして、安らぎと活力を与えてくれる現実世界の友人などで構成される「自己再生のコミュニティ」を築くために、意識的に努力しなくてはなりません。

第4章

求められること
「NEEDS」の自己理解

ワーク❻

リーダーとしての在り方

ワークのねらい

　職場の身近な上司、同僚、部下から、具体的なフィードバックを得ることで、リーダーとしての在り方を見つめ直します。

　身近な周囲からのフィードバックは、強みなどの自己理解を深められ、「NEEDS」をさらに深堀りします。

進め方

①　参加者には、研修前に「事前課題」として、「リーダーとしての在り方　チェックリスト（本人用）」と「わたしが求める理想のリーダー像」を記入し、研修当日に持参してもらいます（コピーを1部受付時に提出）。場合によっては、あらかじめ、提出してもらったものを講師（ファシリテーター）は事前に目を通し、必要に応じて、全体の感想を参加者もしくは人事担当者へフィードバックします。

②　参加者の上司……2名以上、同僚……1名以上、部下2名以上に、シート「リーダーとしての在り方　チェックリスト（他者用）」の記入を依頼し、あらかじめ、担当者に提出してもらいます。

ワークを始めるときに各参加者に上記の記入してもらったシートを配布し、次の手順で整理をします。（本書では部下用を省いています）

　（註）筆者は上司が記入したシートを見て、どれだけ研修に熱意を込め、参加者を送り出しているか、Off-JTを部下育成に活かしきろうとする自覚（責任）があるか、また、人事部の取り組みと現場との研修実施への意識のかい離がないかなどをチェックしています。

③　本人用のチェックリストの参加者自身の各問のチェック欄を黒の実線で結びます。上司・同僚に答えてもらったものは、各問の平均点を算出し、同じように赤色の実線で結びます。部下の回答は青色の実線で結びます。

◆フィードバックによって、他の人の目に映る自分を知ることは、自己理解を深める機会になります。フィードバックは自分の影響を知るために必要なことです。
　私たちは、「向上したい」という気持ちと「いまのままでいい」という気持ちの間で葛藤するものです。私たちが成長するためには、安心できる領域から外へ出なくてはなりません。その過程で欠かせないのがこのような周囲からのフィードバックなのです。

④　自分と上司、同僚、部下との得点にかい離がある項目は、自己理解できていないと考えられるので、より自覚するために、質問自体に蛍光ペンで印をつけます（同じ部下であっても、得点にかい離が見られる場合も同様です）。ワークシートの記入欄は、気になる内容、重要だと考えられる内容に蛍光ペンでアンダーラインをしておき、WANTS（第5章のワーク）で活かすことをコメントします。

⑤　自分で記入した「リーダーとしての在り方　チェックリスト（本人用）」の記入欄（最下段）と「わたしが求める理想のリーダー像」の「あなたのキャリアが終わろうとするとき、あなたは自分自身のリーダーシップと貢献について、周囲からどのように語ってほしいですか？」以下の欄に、追記や修正を加えます。

⑥　⑤の準備が整ったら、ペアで、本人用の2種類のワークシートの内容を紹介し合います。

リーダーとしての在り方　チェックリスト（本人用）

		内　容	チェック項目	十分			要努力
				4	3	2	1
課題・目標を達成する	要望する機能	部下など、集団や個人に何事かを指示し、業績をあげるようハッパをかける働き。仕事の進行度合いをチェックし、プッシュするような行動が特徴。	①部下に目標の達成を最後まであきらめないよう求めている	☐	☐	☐	☐
			②部下の力からみて、ぎりぎり精一杯の力を要求している	☐	☐	☐	☐
			③部下に対して仕事の面では厳しい	☐	☐	☐	☐
			④部下に目標を達成するための工夫を求めている	☐	☐	☐	☐
			⑤部下の仕事の質を厳しくチェックしている	☐	☐	☐	☐
			⑥部下に無駄やロスをなくすよう求めている	☐	☐	☐	☐
			⑦部下に仕事の納期を守るよう求めている	☐	☐	☐	☐
			⑧部下に仕事の進み具合について報告を求めている	☐	☐	☐	☐
			⑨仕事に最後まで責任を持つよう部下に求めている	☐	☐	☐	☐
			⑩褒めるべきときには褒め、叱るべきときには叱っている	☐	☐	☐	☐
	知らせる機能	仕事を進めていく上で、必要な機能や情報、技術等を周囲に伝え、各人、各集団の仕事上の役割や位置づけをはっきりさせる行動。	①部下に会社の経営方針を知らせている	☐	☐	☐	☐
			②部下に仕事の方針を知らせている	☐	☐	☐	☐
			③部下に会社全体の動きについて知らせている	☐	☐	☐	☐
			④部下にいま、なにをやるべきかについて知らせている	☐	☐	☐	☐
			⑤部下に各々の仕事の役割や意義を理解させている	☐	☐	☐	☐
			⑥状況が変わったとき、部下に直ちに知らせている	☐	☐	☐	☐
			⑦部下に自分の考えを素直に伝えている	☐	☐	☐	☐
			⑧部下の質問や意見に対して納得のいくよう答えている	☐	☐	☐	☐
			⑨部下への伝達や説明をわかりやすく話している	☐	☐	☐	☐
			⑩方針や計画の変更を納得のいくように説明している	☐	☐	☐	☐
よりよい人間関係を維持する	共感する機能	部下や集団の気持ちを察し、彼らの気持ちや行動に思いやりと支持を与える働きかけ。よい人間関係を集団内につくり上げ、維持向上させようとする行動。	①部下との人間関係がうまくいくように気を配っている	☐	☐	☐	☐
			②部下とのチームワークがうまくいくよう気を配っている	☐	☐	☐	☐
			③仕事に対する部下の意見を偏りなく聴いている	☐	☐	☐	☐
			④部下の悩みや不満を理解している	☐	☐	☐	☐
			⑤部下の気持ちや立場を大切にしている	☐	☐	☐	☐
			⑥部下の身体の具合や気分がすぐれないとき、心配している	☐	☐	☐	☐
			⑦部下が失敗やミスをしたとき気持ちを汲んで対処している	☐	☐	☐	☐
			⑧部下の個人的な相談に快く応じている	☐	☐	☐	☐
			⑨部下の考え方や人柄を理解している	☐	☐	☐	☐
			⑩部下が仕事上で問題にぶつかったとき、一緒に考えている	☐	☐	☐	☐
	信頼させる機能	信頼を与える行動〈前提条件と2WAYコミュニケーション〉部下が安心感を抱く。部下の実力を認める。部下が尊敬、好感の気持ちを持っている。魅力的（部下の知らない未知の分野を持っている）など。	①自分なりの意見・方針を積極的に打ち出している	☐	☐	☐	☐
			②あなたの決定や判断は部下に信頼されている	☐	☐	☐	☐
			③仕事に必要な知識、技術を持っている	☐	☐	☐	☐
			④上司に対して発言力、影響力を持っている	☐	☐	☐	☐
			⑤関連部署を動かす折衝力を持っている	☐	☐	☐	☐
			⑥一度決定したことは実行している	☐	☐	☐	☐
			⑦会議を効果的に進めている	☐	☐	☐	☐
			⑧部下の能力や知識の不足している所をつかみ指導している	☐	☐	☐	☐
			⑨部下の仕事を的確に評価している	☐	☐	☐	☐
			⑩部下が新しい仕事を持ち込んだとき、適切な対処をしている	☐	☐	☐	☐

あなたは上司や同僚、部下からどのようなことを期待されていると思いますか

本ワークで気づいたこと、学んだことはなんですか

第 4 章 ◆ 求められること「ＮＥＥＤＳ」の自己理解

わたしが求める理想のリーダー像

あなたにとって、理想的（魅力的、素晴らしい）リーダーと思う人物（例：歴史上の人物、身近な人、スポーツ界など）を、5名選出してください。	その人物の実践・実績・業績など <例> 「〜を切り拓いたから」 「〜の先駆者だから」 「〜を創ったから」 「〜を成し遂げたから」 「〜を起こしたから」	その人物の人となり <例>哲学、志、魅力、人柄、言動、リーダーシップ、エピソード（出来事）、思想、格言など
1.		
2.		
3.		
4.		
5.		
あなたはどのようなリーダーならついていきたいと思いますか？　なぜその人についていきたいと思いますか？		
あなたのキャリアが終わろうとするとき、あなたは自分自身のリーダーシップと貢献について、 周囲からどのように語ってほしいですか？		
あなたというリーダーに求められている課題はなんでしょうか？		

リーダーとしての在り方　チェックリスト（他者用）

	内　容	チェック項目	十分 4	3	要努力 2	1
課題・目標を達成する	要望する機能	部下など、集団や個人に何事かを指示し、業績をあげるようハッパをかける働き。仕事の進行度合いをチェックし、プッシュするような行動が特徴。	①部下に目標の達成を最後まであきらめないよう求めている ②部下の力からみて、ぎりぎり精一杯の力を要求している ③部下に対して仕事の面では厳しい ④部下に目標を達成するための工夫を求めている ⑤部下の仕事の質を厳しくチェックしている ⑥部下に無駄やロスをなくすよう求めている ⑦部下に仕事の納期を守るよう求めている ⑧部下に仕事の進み具合について報告を求めている ⑨仕事に最後まで責任を持つよう部下に求めている ⑩褒めるべきときには褒め、叱るべきときには叱っている	□	□	□	□
	知らせる機能	仕事を進めていく上で、必要な機能や情報、技術等を周囲に伝え、各人、各集団の仕事上の役割や位置づけをはっきりさせる行動。	①部下に会社の経営方針を知らせている ②部下に仕事の方針を知らせている ③部下に会社全体の動きについて知らせている ④部下にいま、なにをやるべきかについて知らせている ⑤部下に各々の仕事の役割や意義を理解させている ⑥状況が変わったとき、部下に直ちに知らせている ⑦部下に自分の考えを素直に伝えている ⑧部下の質問や意見に対して納得のいくよう答えている ⑨部下への伝達や説明をわかりやすく話している ⑩方針や計画の変更を納得のいくように説明している	□	□	□	□
よりよい人間関係を維持する	共感する機能	部下や集団の気持ちを察し、彼らの気持ちや行動に思いやりと支持を与える働きかけ。よい人間関係を集団内につくり上げ、維持向上させようとする行動。	①部下との人間関係がうまくいくように気を配っている ②部下とのチームワークがうまくいくよう気を配っている ③仕事に対する部下の意見を偏りなく聴いている ④部下の悩みや不満を理解している ⑤部下の気持ちや立場を大切にしている ⑥部下の身体の具合や気分がすぐれないとき、心配している ⑦部下が失敗やミスをしたとき気持ちを汲んで対処している ⑧部下の個人的な相談に快く応じている ⑨部下の考え方や人柄を理解している ⑩部下が仕事上で問題にぶつかったとき、一緒に考えている	□	□	□	□
	信頼させる機能	信頼を与える行動〈前提条件と2WAYコミュニケーション〉部下が安心感を抱く。部下の実力を認める。部下が尊敬、好感の気持ちを持っている。魅力的（部下の知らない未知の分野を持っている）など。	①自分なりの意見・方針を積極的に打ち出している ②決定や判断は部下に信頼されている ③仕事に必要な知識、技術を持っている ④上司に対して発言力、影響力を持っている ⑤関連部署を動かす折衝力を持っている ⑥一度決定したことは実行している ⑦会議を効果的に進めている ⑧部下の能力や知識の不足している所をつかみ指導している ⑨部下の仕事を的確に評価している ⑩部下が新しい仕事を持ち込んだとき、適切な対処をしている	□	□	□	□

研修参加者へのリーダーとしての期待（5年から10年後を想像して、ご記入ください）

まとめ

　リーダーとなる人の条件といえば、威厳がある、統率力や説得力がある、折衝の手腕があるなどの要素が挙げられがちです。しかし、これからの時代、あくまでも筆者の主観ですが、"幸せ"がリーダーにとって最も重要な条件になるのではないでしょうか。

　"幸せ"……軟弱な感じで、リーダーの条件としては、ふさわしくないのではないかと考える人もいるかもしれません。いままでの経済発展期では、たくましく強いリーダーが求められました。また猛烈な仕事人間も高く評価されました。しかし、時代が変化、成熟した現在、人々の関心はこころの充足、すなわち"幸せ感"に集まっているように感じられます。リーダー自身が周囲の人から見ても「より幸せな人」でなければ、尊敬される対象にならないのではないでしょうか。

　経営幹部やリーダーが幸せを感じず、ただただ疲弊していれば、部下や若手にとって、将来に魅力はなく、管理職などなりたくない対象となります。リーダー自ら、自身の幸せや組織の理想を内省し、それらを語ることで周囲を巻き込んでいくハピネス・リーダーでなければならないように思うのです。

　リーダーの立場にあっても、家庭が崩壊していたり、自己中心的で名誉欲ばかりであったり、自分を偽りながらの仕事人間では、いくら言動でごまかしていても、非言語により悲痛な叫びが感じられます。そのため、まわりの人々も「この人のためなら」という魅力を抱きにくいように思います。

　リーダーにかかわらず、自分自身が幸せに輝いている存在であることが、尊敬され、魅力的な人材といえるのではないでしょうか。

ワーク **❼**

環境予測と求められる人材

ワークのねらい

　マクロ的な中長期的な環境変化を考え、そこから求められる人材ニーズを考えることで、自分が求める能力、将来への課題のヒントを得ます。

進め方

① 　ワークシート「環境予測と求められる人材」を配布し、10年後の将来を予測します。付箋紙を配布し、個人でワークシートの左側の「社会の変化」から「経営戦略・組織の変化」まで、起こりうる変化を書き出します。

② 　4～5名のグループとなり、「環境予測と求められる人材」が記載された模造紙をグループ中央に置き、それぞれが記入した付箋紙をそれぞれの項目に従って出し合います。1人ひとり順に読み上げ、不明な点、確認したい点などは質問し合いながら（表現を変えながら）、すべて出し切ります。

③ 　予測を終えた後、右側の「求められる人材」について、グループで話し合いながら、多くのキーワードを出し尽くします。

④ 　模造紙を完成したら、各グループで発表し合い、質疑応答の時間を設けます。

　　＊聞く際は、参考となる変化をメモすること、求められる人材ニーズの中で、自分に該当すると思われるキーワードをメモすることを伝えます。

⑤ 　講師（ファシリテーター）から、以下の問いを発します。1問ずつ自己の回答をメモしつつ、グループメンバーと考えを分かち合います。

「あなたやあなたの周囲の仲間たちに、特に影響を及ぼしそうなのは、どのような出来事やトレンドでしょうか？」

「あなたのライフキャリアに最も強い影響を及ぼす要因はなんでしょうか？　そして、その要因にどのような影響を受けるでしょうか？」

「スピードの時代にあって、未来に押し潰されないライフキャリアを築くために、あなたはこの先、10年間になにをすべきでしょうか？」

第4章 ◆ 求められること「NEEDS」の自己理解

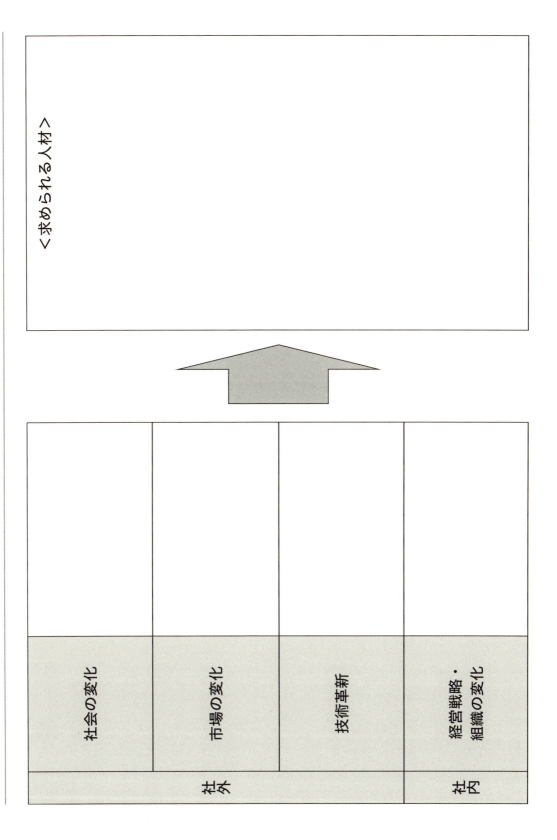

環境予測と求められる人材　事例：家電製造業

社外	社会の変化	少子高齢化、人生100年問題、石油などの資源高等によるエネルギー不安、温暖化（エコロジー）、グローバル化、地球上の人口増加と食糧危機、資材の高騰、テロの多発、品質（安全）の重視
	市場の変化	IoT、開発サイクルの短縮化、価格の二極化（安価で低機能と高価で高機能）、デジタルへのシフト、デザイン重視（感性で差別化）、知的財産（特許）の重視、M＆A
	技術革新	AI、SNSのさらなる進化、製品機能の簡素化・短命化、ソフトの自動化、オープンソースの活用、次世代テレビ、ワイヤレス化、生体認識、ロボット（介護など）、JAVA／C以外の言語、ユニバーサルデザイン、セキュリティー強化、エコロジー商品、家電の機器連携
社内	経営戦略・組織の変化	上位工程へのシフト、若年人材の減少、ドメインの連携、プロセス改善、海外との連携（海外研究所の活用）、多様な働き方、統合ブランドホームの発展、外販、異動や雇用形態の多様化、コストダウン、組織の拡大、海外をも含めた異業種、同業者との連携やM＆A

＜求められる人材＞

- CSR（企業の社会的責任）、CSV（共通価値の創造）を心がける
- ダイバーシティー→グローバル化への対応
- 技術の幅（ネットワーク・デジタル）と先読み
- ○○○、□□□のスキル
- AIやIoTの知識、技術
- 標準的な手法で表現できる設計力ととがった技術（デザイン＆ハード）
- 異質をヒューマンネットワーク
- 情報を収集し、取捨選択できる高い判断力
- リーダーシップ
- 多様なコミュニケーションスキル（外販・ドメイン連携）
- 経営理念の理解と浸透
- 営業力（外販）
- 自己研鑽
- 思いやり（ユニバーサルデザイン）
- 積極性と責任感
- マネジメント力（包容力・礼儀・他者理解・調整力・進捗管理・課題創造力）

第４章 ◆ 求められること「ＮＥＥＤＳ」の自己理解

補足資料

　本ワークのようなマクロの予測は、個人による検討では限界があります。そのため、参加者全員の智恵を結集し、いろいろな観点から意見を出し合うことが求められます。

　リンダ・グラットンの名著『ワーク・シフト』（プレジデント社）をまとめた内容を補足資料として使うのもよいでしょう。彼女は、「未来のあらゆる側面を完全に予測することは不可能ですが、予測の正確性を磨くことを怠ってはなりません。未来を正しく予見できれば、落とし穴を避け、チャンスを手早くつかめる場合があるからです」と述べています。

　産業革命の原動力が石炭と蒸気機関という新しいエネルギーだったのに対し、これから起きようとしている変化を突き動かすのは、５つの要因の複雑な相乗効果です。

　５つの要因とは、

- テクノロジーの進化
- グローバル化の進展
- 人口構成の変化と長寿化
- 社会の変化
- エネルギー・環境問題の深刻化

これらの要因が組み合わさり、働き方の常識の数々が根底から覆ります。

≪テクノロジーの進化≫

1．テクノロジーが飛躍的に発展する

2．世界の50億人がインターネットで結ばれる

3．地球上のいたるところで「クラウド」を利用できるようになる

4．生産性が向上し続ける

5．「ソーシャルな」参加が活発になる

6．知識のデジタル化が進む

7．メガ企業とミニ起業家が台頭する

8．バーチャル空間で働き、「アバター」を利用することが当たり前になる

9．「人工知能アシスタント」が普及する

10．テクノロジーが人間の労働者に取って代わる

≪グローバル化の進化≫

11．24時間、週7日休まないグローバルな世界が出現

12．新興国が台頭した

13．中国とインドの経済が目覚ましく成長した

77

14. 倹約型イノベーションの道が開けた

15. 新たな人材輩出大国が登場しつつある

16. 世界中で都市化が進行する

17. バブルの形成と崩壊が繰り返される

18. 世界のさまざまな地域に貧困層が出現する

≪人口構成の変化と長寿化≫

19. Ｙ世代（1980〜1995年頃生まれ）の影響力が拡大する

20. 寿命が長くなる

21. ベビーブーム世代の一部が貧しい老後を迎える

22. 国境を越えた移住が活発になる

≪社会の変化≫

23. 家族の在り方が変わる

24. 自分を見つめ直す人が増える

25. 女性の力が強くなる

26. バランス重視の生き方を選ぶ男性が増える

27. 大企業や政府に対する不信感が強まる

28. 幸福感が弱まる

29. 余暇時間が増える

≪エネルギー・環境問題の深刻化≫

30. エネルギー価格が上昇する

31. 環境上の惨事が原因で住居を追われる人が現れる

32. 持続可能性を重んじる文化が形成され始める

（『ワーク・シフト』より一部抜粋）

第5章
想い「WANTS」の創造

ワーク❽

10年後の
ライフキャリア・バランス

ワークのねらい

　私たちの人生は、さまざまな役割で構成されており、その役割は時期によって重要度が変わります。あらかじめ、役割の移行を予測し、そのための準備をしておくことは、長いライフキャリアを充実させます。

進め方

① 　スーパーの「ライフキャリア・レインボー」（ミニ講義参照）について、簡潔に説明します。

② 　ワークシート「10年後のライフキャリア・バランス」を配布し、"子ども"から"市民"までの合計を100とし、現在の比重を記入します。その後、1年後から3年後、5年後、10年後と比重を描きます。

③ 　比重を描き終えたら、それぞれの役割ごとの「取り組むこと（準備しておくこと）」を記入します。

④ 　ペアで記入した内容について、話し合います。

10年後のライフキャリア・バランス

	現在	1年後	3年後	5年後	10年後
西暦					
年齢					
子ども					
学生					
職業人					
配偶者					
家庭人					
親					
余暇					
市民					

役　割	取り組むこと（準備しておくこと）
子ども	
学生	
職業人	
配偶者	
家庭人	
親	
余暇	
市民	

第5章 ◆ 想い「WANTS」の創造

ミニ講義

　スーパーの「ライフ・キャリア・レインボー」の図では、それぞれの役割のウエイトづけはなされていません。しかし、私たちがライフキャリアを考えていくときは、ライフキャリアを役割の重層構造としてとらえ、これらの重層する役割のウエイトの変化を考えていくと、より明確なイメージを描くことができます。私たちは、その置かれた状況や価値観などによってそれぞれの役割のウエイトを高めたり低めたりしながら、人それぞれの人生を選択していくことになります。さらに、役割のウエイト変化とともに重要なのが、役割の「トータルにおける満足度」です。

　たとえば、ある時点である1つの役割のウエイトを高めれば、相対的にその他の役割のウエイトは低くならざるをえません。そして、それぞれの役割から得られる満足度も、そのウエイトの高低によって変化してきます。その際、ある役割からもたらされる満足度が低くなったとしても、必ず、他の役割からもたらされる満足度は高くなっているはずです。

　自分自身の生涯キャリアを前向きにとらえていくためにも、満足度が下がった部分にばかりこだわるのではなく、すべての役割をトータルでとらえ、その満足度を意識することが大切です。

ライフ・キャリア・レインボー〔例〕

維持段階
40　45　50
35　　　　　　　　55
家庭人
30　　　　　配偶者　　　60
確立段階　　　職業人
25　　　　　　　　　　　65　下降段階
20　　　　市　民
　　　余暇を楽しむ人　70
探索段階
15　　　学　生
　　　　子ども　　　　75
10
成長段階
5　　　　　　　　　　　80
ライフステージと
年齢

（Super et al., 1995より）

「ライフ・キャリア・レインボー」

　スーパーは、キャリアとは、「人生のある年齢や場面のさまざまな役割の組み合わせ」と定義し、「ライフ・キャリア・レインボー」（長い人生という道のりに架かった虹）を発表しました。

役　割	内　容
子ども	親との関係における自分、親に対して注がれる時間のことを意味します。小さいころは、子どもとしての役割がほとんどで、親が年をとるとともに、介護や看護として、子どもとしての役割が強くなります。生まれたときに始まり、両親がいずれも亡くなるまでの役割です。
学生	学ぶという立場にいるのが学生です。小・中・高、大学はもちろん、働きながら夜間社会人大学院などに行く人もまた学生の役割も兼ねています。最近では、いくつになっても研修や自己啓発で学生の役割に時間を割く傾向がありますが、ほとんどの場合、高校、大学などを卒業するまでの役割です。
職業人	はじめてのアルバイトに始まり、パートなども含め有給で働いている間の役割です。
配偶者	夫、妻の役割です。法律上の夫婦でなくても、共に生活を送るパートナーとしての役割です。
家庭人	家事全般をやる役割で、多くは女性が主婦と呼ばれて担当しますが、男性がやることが多い日曜大工的なども、家庭人としての仕事です。
親	子どもを持ったときから始まる役割で、最近はイクメンなど、男性が子育てに加わることが話題になってきています。
余暇を楽しむ人	趣味やスポーツなど、好きなことをして楽しむ立場、それに費やす時間のことです。
市民	スーパーは、市民を無給のボランティアを行う役割としています。社会を構成する一員として、社会に貢献をするということです。PTAや自治会などの地域活動があります。

　スーパーは、キャリアを人生のそれぞれの時期で果たす役割（ライフ・ロール）の組合せであると考え、自分らしさは、複数の役割を並行して果たす中で確立されていくと考えました。

　私たちは生涯を通じて、上記8つのいくつかの役割を持ち、それらの役割は相互に影響し合います。たとえば、成人の場合、“学生”“子ども”“職業人”“配偶者”の役割が組み合わさったものかもしれません。退職後は、“親”“家庭人”“余暇を楽しむ人”“市民”といった役割を併せ持つことが多いように思われます。

　役割の中には、他の役割よりも多くの時間を過ごすものもあります。そのため、ライフ・キャリア・レインボーのそれぞれの役割の幅はさまざまです。たとえば、職場では職業人としての役割があり、家に帰ると配偶者や親などの役割があり、休日には余暇を楽しむ人という役割を持ちます。

　私たちがどの役割に重点を置きたいかが自分らしさそのものであり、複数の役割を演じることの大切さ（いわゆるワークライフバランス）がこれからのキャリアデザインにおいてますます不可欠になっています。

　ある役割はほかの役割よりも集中して取り組み、より輝いていることもあるでしょう。その半面、ほかの役割は重要視されないため、バランスを欠くともいえます。

　たとえば、職業人としての役割に没頭しすぎると、配偶者や家庭人、親としての役割が疎かにな

さまざまな役割を織りなすライフキャリア

〈役割の例〉

管理者	コーチ	祖父母	先駆者
建築家	伴侶	起業家	息子
芸術家	コンサルタント	マネジャー	家族の一員
兄弟	カウンセラー	音楽家	スーパーバイザー
リーダー	娘	隣人	教師
経営責任者	デザイナー	親	技術者
財務責任者	ディレクター	パートナー	トレーナー/ファシリテーター
編集者	副社長	メンター	スペシャリスト
司会者	レポーター	ボランティア	主婦
発明家	友人	営業担当者	作家
ビジネスマン			

り、離婚や家庭崩壊、居場所のない退職後など、さまざまな問題が生じえます。

あるビジネスマンは、家族の幸せのためにと、年収を上げることに懸命になりました。最初は家族の幸せが目標で、年収は手段にすぎなかったのに、いつの間にか仕事ばかりにのめり込み、年収が上がれば幸せになれると、家族を省みなくなりました。年収を上げるのは家族のためなのだから多少の犠牲はしょうがないと目的と手段が入れ替わってしまったのです。そうしているうちに、家族と過ごす時間も減り、会話もなくなりました。頭の中は、常に仕事のことでいっぱいになりバランスを失います。夫婦、子どもとの関係が希薄になっていることに気づかないまま時が過ぎ、取り戻しのつかないほど溝ができてしまうのです。

人生で味わう充実感や満足感、ストレスは、役割の組み合わせに直接関係していることが多いものです。新しい役割が加わると、ほかの役割に費やす時間やエネルギーを減らさなければなりません。反対に、ある役割を終えると、新たな役割を付け加える必要性が増すことになります。退職がそのよい例です。それまで、1日の大半を過ごしてきた職業人としての役割が削られ、その削られた時間にほかの役割を慌てて埋め合わせようということのないように、あらかじめ、先を見て準備をしておくことが求められます。

余暇について

余暇について、大切なポイントを紹介します。

仕事はやるべきことが明確に決まっており、たいていは、人から与えられる、依頼されることが

多かったりします。ところが、余暇は最初から自分で決めなければならないものといえます。友人からの誘い、家族からの提案などのきっかけはあったとしても、最終的に自分で決定することです。また、仕事のようにやるべきことをやれば目に見える報酬がもらえるということもありません。だからこそ、余暇はより主体性を持って決める必要があります。

余暇は休息とは違います。単なる気晴らしとも違い、目的意識を持ち、集中して行う活動です。仕事は外向きの創造であり、余暇は内向きの創造だという人もいるくらいです。

余暇はリクリエーションともいいますが、その余暇で再創造すべきもの、それは私たち自身です。充実した余暇を過ごすことで魂が生き返り、情熱が再燃し、信念がさらに強まり、そして感受性が豊かになります。

そのため、筆者は仕事では使わない一面を伸ばすことを推奨しています。たとえば、仕事で頭を使うのであれば、余暇はからだを動かす、仕事でよく話す営業職であれば、音楽を聞く、映画を見ることを趣味にするなど、筆者は余暇を先にスケジュールに組み入れるように心がけています。重度障害の父を介護しながら、激務をこなしていたせいもあり、ゆっくりとのんびりと過ごす時間を自分にプレゼントしています。湯布院や沖縄の大好きな宿を予約し、その宿でその地の物をゆっくり満喫しながら、のんびりと過ごします。ときにクルーズに出かけ、船の上でのんびりと過ごし、朝目覚めるとクルーズ船が新しい地（港）に到着しており、苦労（努力）することなく、その地を探索します。慌ただしいツアーは苦手で、ただのんびりと時間が過ぎる……そんな余暇を自分にプレゼントしています。その癒しが仕事のエネルギーになり、余暇を計画することで仕事にもスイッチが入れられ、相乗効果が働いているかのようです。

オランダの歴史学者、ヨハン・ホイジンガは、「人間はホモ・サピエンス（知恵の人）ではなく、ホモ・ルーデンス（遊ぶ人）である」といいました。遊びこそが人間の基本的行為だと考え、とても刺激を得た記憶があります。

働くことは美徳だと、ただがむしゃらに滅私奉公する時代は去り、いまはいかにこころの充足を図るかが問われる時代になりました。働くことが大事であることはいうまでもありませんが、仕事に活力を与えるのは、やはり余暇（遊び）ではないでしょうか。

私たちはもっと笑うべきだし、もっと泣くべきです。仕事でこれらのすべてをまかなうのは無理ですが、余暇ですべてをまかなうのも難しいのでしょう。しかし、仕事と余暇を統合すれば、人生は一体感を増し、より豊かになるのではないでしょうか。

私たちは限られた人生という時間の中で、相互に影響し合う各役割にどれだけの時間を投じるかを考え、バランスを取ることが求められており、「ライフキャリア・バランス」という視点が、キャリアビジョンを設計するにあたり不可欠となります。

また、役割のどれに重点を置き、どのような演じ方をしているのかが私たちの「自分らしさ」を形成するものとなります。人生におけるさまざまな舞台においてあなたが見せる演技こそが、あなただけが持つキャラクター（性格）を発揮しているといえます。

ライフキャリアとは、"交換"の連続なのです。

私たちの多くは、たとえば、昇進や新しい仕事のチャンスを選ぶと家族や友人から離れなければならなくなるといった選択に少なからず直面します。

選択を後悔なく行うには、自分にとって最も深い満足感を与えてくれるものはなにかということを、日頃から明確にしておかねばなりません。

金銭的に成熟するとは、お金を増やすためにいくら投資したらいいかを知ることではありません。お金を稼ぐために、自分の人生をどれだけ投資するかを知ることです。

私たちは、もう明日はないと思いながら生きているわけではありませんし、そうすべきでもないでしょう。明日は必ずやってきます。明日がやってきたときに備えて準備をしておかねばなりません。それに、最も実りある余暇の活動のいくつかには、長年の訓練が求められます。

しかし、私たちが忙しさにかまけ、バランスを失い、本当に大切なことをいつでも後回しにしてしまうことも自覚しなければなりません。

自分のいちばんの楽しみを、人生の最後の15年だか20年だかのために取っておくことなどできないのではないでしょうか。しかも、この生き方は、そのとき健康であるというのが大前提です。

いま、あなたの手元にあるその時間を、あなたはどのように過ごしますか？

やらなかったらいちばん後悔しそうなことはなんでしょうか？

「自らに対し、少ししか要求しなければ、成長はしない。きわめて多くを要求すれば、何も達成しない人間と同じ程度の努力で、巨人にまで成長する」

ピーター・ドラッカー

85

ワーク❾

4つのLの再設計

ワークのねらい

　ハンセンは、仕事は人生や生活の中で、それだけを切り離すことはできないとの前提に立ちながら、仕事（Labor）と並行して残りの3つの要素である学習（Learning）、余暇（Leisure）、愛（Love）がバランスよく存在しなければならないと強調しています。4つのLをふりかえり、再設計することで、実のある"ライフ"キャリアを歩むことができます。

進め方

① 　ワークシート「4つのLの再設計」を配布します。まず、4つのLを簡潔に説明し（ミニ講義p.88参照）、4つのLの観点で、過去数年間をふりかえってもらいます。

　「あなたの生活のどの部分が"L"にあてはまるのかを思い浮かべてください。"仕事"といっても収入を得る仕事だけではなく、家庭や地域に貢献したことでもかまいせん。"愛"も恋愛や家族愛のほか、友情、ペットへの愛情も含まれるでしょう。どの程度のエネルギーや時間を"4つのL"に費やしましたか？　円グラフを描き、それぞれ何パーセントずつになるか、見える化してみましょう。どの"L"が一番大きくなりましたか？」と促しながら、記入を後押しします。

② 　講師（ファシリテーター）は、以下のように問いかけ、記入した円グラフをもとに、ペアでの対話を促します。

　「"4つのL"はあなたにとってどのような意味を持ち、相互に影響していますか？　またそのバランスはいかがでしょうか？」

［コメント例］

　「"4つのL"の大小の理由は人それぞれです。1つのものが極端に大きくてバランスが悪く見えても、必ずしも『よくなかった人生』とはいえません。たとえば"仕事"がほとんどだった人は、ずっと仕事において"勝負の年"だったのかもしれません。"愛"が大きかった人は、家族との時間を大切に過ごしていたのかもしれませんし、冷え切った夫婦関係や親子関係の修復にエネルギーを注いでいたのかもしれません。仕事はいまひとつだったけれども、キャリアアップのために勉強して"学習"が大きい、あるいは、それまでがんばったので、思いっきり休養して"余暇"が大きいなど、さまざまな理由があります。私たちには、ここぞ、という瞬間がある

４つのＬの再設計

過去：最近数年間の４つのＬ

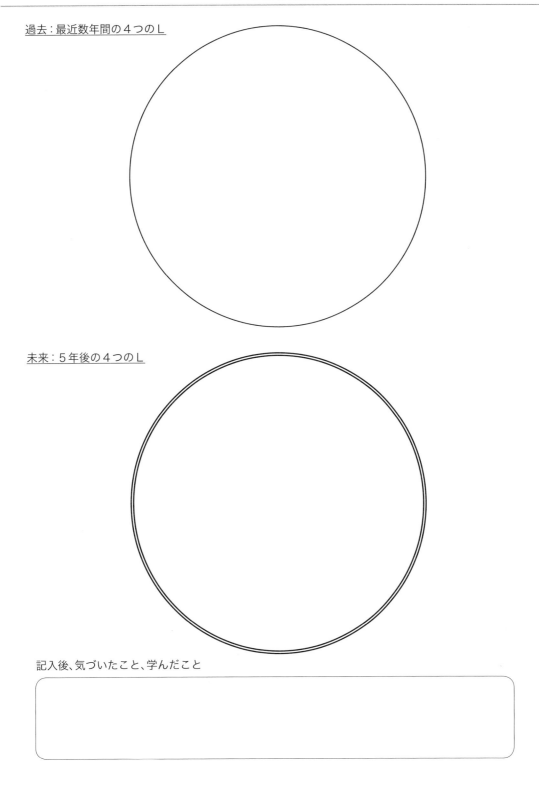

未来：５年後の４つのＬ

記入後、気づいたこと、学んだこと

ので、長い目でみて、自分にとってバランスがとれていればよいといえます」

　「大切なのは、他人と比較しないことで、むしろ過去の自分自身と比較すると、気づきが増すことがあるように思われます。重要なことは、これからどうしたいか、どうありたいかです。将来の理想の円グラフをイメージし、自分らしく生きられるように、5年後の円グラフを描いてみましょう」と、5年後の円グラフの記入を後押しします。

③　②と同様、同じペアで記入した内容（気づいたこと、学んだことを含む）を語り合います。

ミニ講義〜解説

　余裕を持ちたいと思っていても、余裕はなかなか持てるものではありません。そもそも余裕は、知らないうちにおのずと"できているもの"であり、努力してがんばって"つくるもの"ではないのかもしれません。しかし、だからこそ、私たちは意識して努力して余裕を創ることが必要なのだともいえます。

　また、好きなことは忙しい中でもしようとするから、好きなことなのです。それにもかかわらず、「暇になったら好きなことをやろう」という人が大半です。これでは、「時間が空いているからデートしよう」といっているようなものです。

　筆者は普段、妻とよく散歩をします。散歩をしながら空を眺めたり、草花に目をやりながら妻との会話を楽しんでいます。

　あるとき、普段は自動車で通り過ぎている駅前の通勤コースに、いろいろな草花が咲き乱れている光景を目にしました。普段は車窓からなに気なく眺めているだけなのに、小さな花が雪の中から顔を出し自分を主張しているかのような姿を見て微笑ましく思いました。

　私たちは、スピードの時代に生き、効率や高速が良しとされています。ところが、高速で走行するほど、私たちの視野は狭くなり、周囲の景色を眺めたり、途中の経験を味わうことが少ないように思います。目的地一点を見つめ、駆け足で走り抜ければ、早く到着はできますが、身近にある別の世界を見落としてしまいます。"忙しい"という字は、こころを亡くすと書き、"歩く"という字は、少し止まると書きます。ときには、少し立ち止まって日頃なにげなくやり過ごしていたものごとをゆっくりと見つめ直すことも、こころのゆとりには大切ではないでしょうか。

　きっと新しい発見や新鮮な驚きに出合えるでしょう。

「統合的人生設計」

　ハンセンは、スーパーの「ライフ・キャリア・レインボー」の考え方をもとに、著書『*Integrative Life Planning*（統合的人生設計）』の中で、「人生は仕事だけではなく、4つの要素がバランスよく統合されなければならない」と述べ、「統合的人生設計」を唱えました。

　4つの要素とは、Labor-仕事、Learning-学習、Leisure-余暇、Love-愛です。この"L"から始まる

4つの要素が組み合わさってこそ意味のある人生になると考えました。

スーパーがキャリアを虹にたとえたのに対し、ハンセンはキルト（パッチワーク）にたとえ、それぞれの役割がキルトのように組み合わされ、「全体として意味のある人生」になると考えました。

ハンセンは、全体性と統合性を強調し、人生におけるさまざまな役割を細かく分類してとらえるのではなく、小さなキルトがどのように縫い合わされ、まとまりのある全体になるかが重要であるといいます。

とかく私たちは、キャリアを構成する人生の役割において、仕事を中心に考えますが、ハンセンは、仕事は人生や生活の中で、それだけを切り離すことはできないとの前提に立ちながら、仕事と並行して残りの3つの要素である学習、余暇、愛がバランスよく存在しなければならないと強調しています。仕事だけしていれば豊かな人生を送れるのではなく、むしろ仕事中心の偏った生活の中では、人生は味気のない、貧しいものに変容することに警笛を鳴らしています。

ハンセンは、パラダイムシフト（基本的な考え方の変革）を進める枠組みとして、一連の理論的な計画や意思決定を行ったきっかけとしてキャリアを考えるのではないといいます。むしろパターンの発展ととらえるべきであり、最終的にどうなるかわからないけれども、予測不可能なことを受け入れながら流動的にアプローチすることの重要性を問いかけています。

理論的な計画づくりによって、人生やキャリアを支配ができるという理論が主流ですが、自分ではコントロールできない範囲を認識することも重要だと述べています。キャリアプランは直線的に進むのではなく、むしろ螺旋的に進むもので、螺旋の動きは、予期しない出来事、予期しない好機、仕事以外に考慮するべき人生の他の分野などに左右されるとしています。

キャリア・ディベロップメントは人生におけるさまざまな役割を細分化してとらえるのではなく、統合と全体性を目指すべきだとしています。

統合的人生設計における6つの重要な課題

ハンセンは、「統合的人生設計」において、次の重要な6つの課題があることを指摘しています。そのポイントを簡潔に述べておきます。

課題1：グローバルな社会的視点からキャリア選択を行う

課題2：全体的要素が有意義に組み合わされた「人生のパッチワーク」を創造する

課題3：家庭と仕事の間を結ぶ（家庭の中で男性と女性が共同でキャリア・プランニングを行う）

課題4：多様性と統合性を大切にする（それぞれの違いを活かし合い統合していくよう努力する）

課題5：個人の転機と組織の変革に上手に対処する（個人が自分自身、家庭、組織における変革の担い手になる）

課題６：精神性、人生の目的、意味を探求する

　豊かな人生と有意義で充実した生き方を実現するためには、狭義のキャリアであるワークキャリアにとらわれることなく、広義のキャリアであるライフキャリアをも視野に入れ、キャリアビジョンを設計していく必要があります。
　スーパーやハンセンが主張するように、両者の統合が求められます。

第5章 ◆ 想い「WANTS」の創造

ワーク ❿

ライフキャリア・キャンペーン目録

ワークのねらい

ライフキャリアには、転機がつきものです。人生を困難なことの集まりとしてではなく、キャンペーンとして、可能性の集まりとして見つめることで、「しなければならないこと」ではなく、「したいこと」とポジティブに列挙します。

本ワークは、「10年後のライフキャリア・バランス」と「4つのLの再設計」の補足的なワークです。自分自身の枠組みから未来を考えるだけでなく、身近な人たちのことを想いながら、将来のキャンペーンの準備をします。また、役割という範囲を超えて、自分の健康なども考慮しながら、キャンペーンを目録化します。

進め方

① ワークシート「ライフキャリア・キャンペーン目録」を配布し、家族や職場メンバーの名前や年齢を記入します。

  ＊年齢を記入すると、親の介護、子どもと向き合うべき時間が限られていること、上司（恩師）との限られた時間（退職まで）に気づき、とても大きな反響があります。大きな反響が得られた際は、この時点で、「年齢などを記入しただけですが、なにか気づいた点、ちょっとしたことで結構です。隣の方と語り合ってください」と促します。すると、しみじみとペアで家族のこと（職場のこと）などを語り合い、会話の時間を区切るのが申し訳ない気持ちになるくらいです。

② 次に「家族・親類」から「趣味・健康」までの出来事を予測し記入します。記入を終えたら、最下段の「キャンペーンの準備」の欄に、どのような準備を"しておきたいか"、書き綴ります。

③ ペアで、「キャンペーンの準備」を中心に語り合います。

91

ライフキャリア・キャンペーン目録

		西　暦								
家　族	自分〔　　〕									
	配偶者〔　　〕									
	子ども〔　　〕									
	親〔　　〕									
職　場	上司〔　　〕									
	先輩〔　　〕									
	部下〔　　〕									
キャンペーン	家族・親類									
	能力・技術・人脈									
	友人・知人・地域社会									
	趣味・健康									
	キャンペーンの準備									

まとめ

遠藤周作は、次のように述べています。「生きることと、生活することとは違う。生きることは世間や他人という壁を無視して自分の心にあくまで忠実であろうとすることだが、生活することは、世間や他人を考慮して自分の未来をつくることだ」と。

生きるということは、この言葉にあるように、2つの要素が絡み合ってバランスがとれるのかもしれません。

自分が定めた目標や志、理想に向かって、世間やまわりとの比較ではなく、なにがなんでも、自己実現を図っていくこと。それに加えて、私たちは社会との接点を持っているわけですから、まわりの人を考慮しながら、未来設計していくことが大切なのです。若いころは、「生きる」ことに主眼を置きがちです。そして、年齢を重ねるほどに、「生活する」ことに重点が置かれるようになります。

大切なのは、変化を突き付けられる前に変化を予期して行動することです。積極的に計画を立てて行動しなければ、長い人生は災いの種になりかねません。だからこそ、自分の状況をもっと直感的に感じ取り、選択肢をよく把握できるように、幅広い議論を行う必要があります。

ワーク ⑪

語り尽くす
ライフキャリア・ビジョン

ワークのねらい

左脳（理性）ではなく、右脳（感性）を用いて、遊び感覚で10年後の未来を想像します。

進め方

① ペアで行うワークです。講師（ファシリテーター）は、ワークを次のように進行します。

「10年後のある朝、あなたは目を覚ますと、すべてのことが好転していました。やることなすこと、すべて順調で、思わず自分に酔いしれてしまいます。さて、そんなあなたが、10年後の自分を語り始めます。思いつき大歓迎です。左脳（理性）で考えず、右脳（感性）を大切に、やりたいことやアイデアをどんどん言葉に出してください。とにかく浮かんだ希望やアイデアを、身振り手振りを添えて30分間語り続けます。『なにかおかしいだろうか』『先ほどと矛盾していないだろうか』などとは一切考えず、自分自身がその実現したことを楽しみながら、酔いしれながら、語り尽くしてください」

さらに、「話したいことがあるから話すのではなく、話しているうちに話したいことが湧き出てくる。そんなスタンスを話し手に求めます。大切なことは、途中で止めないことです。たとえ、ああもう出ないなと思っても、決して雑談を始めるようなことはせず、同じことを繰り返し話しても構いません。話しているうちに内側に眠る想いが言葉となって引き出されてきますから」と諭します。

そして、「本田宗一郎もアインシュタインも、クリエイティブといわれる人たちは、誰かに自分の考えていることをしゃべりながら、未来を描いていったそうです。マン島のレースで優勝したバイクも、相対性理論も、孤独な思索の果てに生まれたものではなく、周囲に想いを話す過程でだんだんと形になっていったのです。つまり、私たちは思っていることを話すという以上に、話しているうちに想っていることに気づくようです」などと励まします。

② 手順を説明した後、講師（ファシリテーター）は、続けて以下のような五感を刺激する問いかけをします。

「そのとき、あなたはどのような表情をしていますか？」

「その場所はどのような空間で、周囲からどのような声が聞こえてきますか？」

「ビジョンを実現したいま、ものの見え方はどのように変化していますか？」

「あなたの行ったことに対して、まわりの人たちは、どのように語っていますか？」

……など

五感で未来を想像し、感じ、味わい、触れ、語り尽くします。

> （註）なかなかイメージできず、語り始めることができない参加者がいた場合、「このようなシーンだったら、イメージしやすいかなぁ？」などと前置きをしながら、下記のような内容でイメージを引き出す場合もあります。ただし、既に語り始めている方やイメージを膨らませている方のじゃまになる可能性が高いので、多用することを控えます。
>
> 「今日は20XX（いまから10年後）年です。朝、目覚めると新聞（雑誌）にあなたの記事が掲載されていました。たいへん活躍し、周囲から認められ、その業績や道のりが紹介されています。あなたは、その記事を誇り高く見つめています。さて、そこにはどのようなことが描かれているでしょうか」

③　聴き手は、話し手と同じ映像を見るかのように想像をしながら、話し手が語ったアイデアなどを落書きのようにメモをとります。スーパーロジャースやスーパーコーチになったつもりで、傾聴と質問を繰り返します。「すべてを聞き漏らさずに……と、身構えすぎると、かえって真顔になってしまい、話し手の話す意欲を削いでしまいます。ですから、"落書きのように"メモをとってください」と、ミラーリング（鏡になる）の重要性を伝えます。

④　30分経過した後、左脳を活用して編集作業に移ります。聴き手がメモをとった落書きを一緒に見ながら、聴き手が落書きを簡潔に説明します。「こんなことを言ってたよ。そして、あんなことも……」と、プレッシャーを背負わず気軽にふりかえります。その際、話し手は重要だと思われるキーワードを追記したり、絵にしたり、主体的にメモに上書きをします。

⑤　ふりかえりを終えたら、「映画や書籍にはタイトルが必要です。タイトル次第で売れ行きが左右されるほどです。それほど重要なタイトルなのですから、一番大切な人生という舞台にも、ぜひ『みなさんらしいタイトル』をつけてください」とコメントし、ペアで話し手らしいタイトルを考え、ワークシートに記入します。

語り尽くすライフキャリア・ビジョン

タイトル：

ミニワーク　ヒーローインタビュー

　私たちは、否定的な精神状態になると視野は狭まり、一点に集まりやすくなるそうです。逆に、ポジティブな精神状態になると、視野は広がり、想像的になるそうです。
　本ワークを行うにあたって、ポジティブな空間をつくるために、ヒーローインタビューというミニワークを冒頭に用いるのもおすすめです。

ヒーローインタビュー

　プロ野球の試合の後などにやっている「ヒーローインタビュー」です。
　各自、この1ヵ月をふりかえって、最も活躍した（成功した・貢献した・困難を乗り越えた・危機を救ったなど）」出来事について、MVP選手へのヒーローインタビューのように、どんどん盛り上げながらインタビューしていきます。
　グループの中で、順に役割を交代していきますが、インタビューされる人とインタビューする人が立ちながら、ペアとなって進行します。机の上のペットボトルやコピー用紙を丸めるなどしてマイクを作り、インタビューする人は、そのマイクを向けながら、熱心にインタビューします。
　たとえば、「この1ヵ月のヒーロー〇〇さんの登場です」など、スタート時から雰囲気を盛り立てます。その後、以下のような質問をしていきます。
「どのような活躍でしたか？」
「成功のポイントはなんでしょう？」
「どんなことを意識しましたか？」
「自分で最も重視した点はどんなことですか？」……など
　メンバー（聴き手）である観客は前のめりになり、拍手をしたり、大笑いしたり、驚いたり……というリアクションとともに、自分のヒーローを応援するかのように熱狂的になります。反応例としては、

「へぇーそりゃすごいよー」

「たいしたもんだなぁー」

「うっひゃー、奇跡的なことだね♪」……など。

自慢話をするのですから、最初は照れくさいのですが、承認されて悪い気はしません。

自分の成功体験をメンバーが興味深く聞いてくれると、個々に、そしてグループ内にポジティブな温度が高まっていき、最高潮に達します。

そのポジティブな感情が本ワークの中で、活発な発言やアイデアを引き出してくれます。

映画『ロッキー』やアントニオ猪木の入場曲「炎のファイター」（「猪木！ボンバイエ！」のフレーズを持つ）などのテーマソングをバックミュージックとして使うと、聴覚からも刺激し、雰囲気がさらに盛り上がります。

ミニ講義〜解説

> # ビジョンとは、「限界からは飛躍しているが実現を信じることができる魅力的な未来像」

ビジョンとは、これからの可能性、これからの姿を明確に描くことです。「どこに行こうとしているのか」という質問に答え、集中すべき方向性を鮮明に与えてくれるものです。ビジョンが力を持つためには、それを実行していく人のこころをつかむものでなければなりません。

「I Have a Dream」のフレーズを冒頭に繰り返すことで知られるキング牧師の演説。1963年8月に行われたこの演説は、ワシントンD. C. で直接聞いた25万人にとどまらず、多くの人々のこころを打ちました。そして、そういった人々の願いと行動が翌年の公民権法の制定につながったとされています。

もっとも、この演説でキング牧師は、法律の制定そのものを訴えているわけでもなければ、実現したい社会を数字や論理で説明しているわけでもありません。それが、なぜ、大きな社会変革を生み出すほどの力を持ったのでしょうか。

キング牧師は、彼のこころの中にある景色を語っています。それが、この演説が大きな力を持った理由だと考えられます。こころの中にある景色（ビジョン）を語ったのです。そして、それを聞いた聴衆のこころの中にも、それと同様の情景が思い浮かんだに違いありません。

第5章 ◆ 想い「WANTS」の創造

　彼の言葉は、彼がこれから目指す場所がどういうものなのかを明確にしました。そして、多くの
人々がその場所に行きたいと願いました。それが人々の具体的で主体的な行動につながっていった
のです。

　イメージを想起させる……そのビジョンは、頭で"わかる"だけでなく、こころで"感じる"ことが
できます。"感じる"ことのできるビジョンが、人々をより強く行動へと動かしていくのです。肝心
なことは、理性に訴えかけるのではなく、変化を起こさずにはいられないよう"感性"に訴えかける
ことです。

　将来像をいきいきと、ありありと描くビジョンには人々を駆り立てる力があるからこそ、聴き手
は行動を起こす気になります。あなたが描いた未来も、聴き手（部下や家族など）が自分の姿を見
られるように、こころに響くようにしなければならないのです。

> 「夢見ることができれば、成し遂げることもできる……夢を描く人は、自己をリードできる。しかし、
> 夢を描かない人は、自己をリードできない。自己をリードできないから、どこにもたどり着けない。そ
> れでは人生がもったいない」
>
> （ウォルト・ディズニー）

リーダーシップとは

> 変革の時代におけるリーダーの
> 役割は2つある。
> 1つは将来のビジョンを描くこ
> と。そしてもう1つは、人々を
> 巻き込むこと。
>
> ピーター・センゲ

　五感を刺激する質問は、話し手の行動を促進します。

　私たちは、具体的なイメージが描かれることではじめて、ビジョンに向けた行動を開始するから
です。

　たとえば、卑近な例ですが、「パリの高級レストランで食事がしたい」と思っているだけではそ
のビジョンは実現しません。パリのどの地域に行くのか、いつ行くのか、誰と一緒に行くのか、ど
のようにして誘うのか、そこでどのような会話をしたいのか……など、具体的なイメージがあって
はじめて、「パリの高級レストランで食事がしたい」というビジョンは実現に近づいてきます。

99

さらに、話し手の中で具体的なイメージがいきいきと描かれることで、話し手のビジョンが周囲にも伝わりやすくなります。
　リーダーにとって、ビジョンを伝えることはとても重要なことです。
　ビジョンを伝えようとするときに最も大切なことは、まずは自分の頭の中に、ビジョンが実現したときの喜びに満ち溢れたイメージを何度も何度も描くことなのです。

第5章 ◆ 想い「ＷＡＮＴＳ」の創造

ワーク⓬

未来予想図

ワークのねらい

絵やコラージュという作業を通じ、五感を喚起しながら、10年後の未来を伸びやかに描きます。

進め方

① 事前にＡ２サイズほどの画用紙を数色準備し、テーブルの上に広げておきます。クレヨンや色鉛筆、雑誌なども山積みにしておきます。ハサミやのり、カッターナイフなどの備品も準備しておきます。

（註）雑誌は未来のライフスタイル（余暇や趣味、旅行など）・ビジネス・ファッションなどを考慮して、いろいろなものを揃えておきます。

② 参加者に「いまから未来の予想図を描いていただきます。好きな色、未来にフィットすると思う色などを想像して、画用紙を１枚取りに来てください」と伝えます。

③ ワークシート「未来予想図」を配布し、はじめの文章を読みながら、取り組む内容を説明します。

◆講師（ファシリテーター）自身（あるいはスタッフなど）の未来予想図を見せながら、「このようにコラージュのように仕上げることもおすすめです」などと、照れくさそうに、子どもっぽく語り、参加者の想像力や無邪気さなどを喚起するとよいでしょう。

（註）うまく仕上げようなどと考えず、ただただ思い浮かんだ景色（シーン）を大切に、形にできるように、ところどころでコメントを加えます。

④ 完成後、グループ内で、自分の未来予想図を紹介し合います。

話し手は、10年後にすでに多くのことがらを成し遂げている（手に入れている）ように、現在完了形でグループメンバーに語ります。聴き手側は、既に実現していることを尊重し、以下のような質問をして、ビジョンを具体化するサポートをします。ここでは、右脳を引き続き刺激するために、かしこまらず、フランクに（以前からの親友のように）問いかけます。話し手が成し遂げたことに関心を持って、ヒーローインタビューをするかのように、リアクションを交えて、興味を持って問いかけます。

「○○の立場だとすると、会社はどうなっている？」（プライベートはどうなっている？）

101

「○○の立場だとすると、なにを大切に仕事をしている？」（人生を過ごしている？）

「○○の立場だとすると、どのような新規事業を展開している？」

「○○の立場だとすると、どのような価値を社会に生み出している？」

「○○の立場だとすると、どのようにリーダーシップを発揮している？」

「○○の立場だとすると、部下はリーダーのことをどのように言っている？」

「○○の立場だとすると、部下はどのように成長している？　どのような会話が聞こえる？」

「○○の立場だとすると、どのような組織風土が成り立っている？」

「○○の立場だとすると、世間（お客様、仕入れ先、株主など）から、どんな会社だと言われている？」

「○○の立場だとすると、自社の強みはなんだと周囲に語っている？」

「○○の立場だとすると、新入社員に働く意味をどう語っている？　自社の存在価値は？」

……など

(註) 上記の○○は、話し手がどうなっているか（たとえば役員とか社長など）語った、そのポジション（役職など）をそのまま用います。

⑤ 講師（ファシリテーター）は、「はい、では現在に戻ってきました」と、もう1枚の質問用シートをメンバーに配布します。

さらに、未来から現在に戻ったかのように、ていねいに問いかけます。

「○○の立場になっているとすると、いまどのような能力を手に入れたいですか？」

「○○の立場になっているとすると、いまの働き方をどのように変えますか？」

「○○の立場になっているとすると、家族とのかかわりの量と質はどのように変えますか？」

「○○の立場になっているとすると、生きる意味や人生哲学をどう書き換える必要がありそうですか？」

「○○の立場になっているとすると、今日1日をどのように過ごしていますか？」

「○○の立場になっているとすると、リーダーとしてなにから変える必要がありますか？」

……など

(註) ④、⑤で使える上記のような質問例を、ラミネート加工して、質問カードとして、準備します。そして、「問いかけの参考にしてください」と、聴き手側に手渡すとよいでしょう。

第5章 ◆ 想い「ＷＡＮＴＳ」の創造

２０　　年　　月　　日の未来予想図

あなたは、いま自分の退職の慰労会に参列しています。いまから司会者があなたのビジネス人生を会場の人々に紹介します。

あなたは、この司会者にあなたの歩んできた道をどのように伝えてほしいですか？

あなたのこれからのビジネス人生をどのようにしていきたいかを、希望的・発展的・段階的に描いてください。社会人となるきっかけから書き始め、どこでどうやって自己啓発し、困難を乗り越え、仲間と歓喜したかなど、いまの現状から、来年、２年後、３年後、５年後、10年後……そして退職という順番に、あなたのやりたいことを存分にイメージして描いてください。

できるだけ具体的に、細かく映像を思い浮かべながら描いてください。

※イメージするときのポイント

・あらゆることが理想的な状態になっている……という前提で、自由に想像をふくらませます。

・こころに浮かんだイメージを、そのまま言葉や絵、図などで描写しても結構です。

> まとめ

> # ビジョンは人生をデザインする道具

　子どものころ、私たちは「将来、○○になりたい♪」とか「◇◇になる！」と声を弾ませながら、無邪気に宣言したものです。ところが大人になるにつれて、実現可能性についての情報を持つようになり、「夢なんて叶わない」とあきらめやすくなり、放棄する人もでてきます。また、情報が少ない時代には持つことができた無邪気な夢も、ネット社会になるとそうはいきません。情報を得るたびに、叶わない言い訳が溢れてきます。

　だからこそ、参加者の年齢が高ければ高いほど、あえて感性をくすぐり、クレヨンや雑誌などを用いながら、視覚や触覚などを通して動きながら、未来を描くことをおすすめしています。

　本来このワークは、"予想"ではなく"想像"です。タイトルは未来想像図（未来創造図）とすべきなのかもしれませんが、筆者の好みでドリカムの曲タイトルを用いています。講師自身が少し無邪気になりながら、ファシリテートする、ファシリテートできる、その関与が空間づくりにとても重要です。

> ## ライフキャリア・ビジョンは、**変化の激しい**ビジネス環境において迷子にならないための**将来への道しるべ**

　ビジョンのゴールイメージは鮮明に想像する必要がありますが、そこに至るプロセスは曖昧で構いません。明確なビジョンを描いていれば、回り道や寄り道を楽しむことができます。一見、やり

たいこととズレたことをやらなくてはいけなくなったとしても、なんとかして、ビジョン実現のために現状を変えたり、ひと工夫して自分にしか歩めない道をつくることができます。

ビジョンがあれば、道草をしても、道草に意味を見出せます。途中で失敗をしても挫折することなく、糧ともなります。

ビジョンがあれば、戦略が生まれ、いまが輝いてきます。

幸せなライフキャリアを送ろうとすれば、「自分にとっても意味があり、他者にとっても意味があること」を、いかにして見つけ出せるかがポイントです。

特にライフキャリア・ビジョンは家族（パートナー）と共に歩む要素が増え始めます。だからこそ、研修参加後、配偶者とライフキャリア・ビジョンを語り合ってほしいと願っています。

ビジョンが実現するための秘訣は、途中であきらめないことではなく、あきらめきれないほどのビジョンを描けるかどうかで決まります。あきらめきれない、これだけは絶対に譲れない、実現したい……そんなビジョンが描けたからこそ、あきらめずにやり続けることができるのです。

あきらめきれないほどのビジョンをパートナーと語り合いながら歩み始める。このことは最も心強い応援団が得られ、力強い一歩になるのではないでしょうか。

周囲に宣言しているライフキャリア・ビジョンを実現する際、自分1人だけで起こりうる“困難”や“障害”に向き合うことは難しいものです。そのようなときにも、パートナーと一緒に検討してみてはいかがでしょうか。

「やりたいことを実現するために我慢していることはなんなの？」

「うまくいくために環境を変えなければいけないことがあるとするとなんだと思う？」

「障害があるとしたら、どんなことが想定できる？」……など

私たちがモチベーションを維持しながらやりたいことを実現するには、「ビジョンや理想を具体的に思い描く」とともに、そこに立ちはだかる障害をはっきりさせ、いま目の前にあることをコツコツとこなしていく……この2つのことが大切だからこそ、過程も共に歩むことをおすすめしたいのです。

ちいさいことを
かさねることが
とんでもないところに
行くただ唯一の道
　　　　　　イチロー

ワーク ⓭

ライフキャリア・プランニング

ワークのねらい

　ライフキャリアのプランニングの際、起こりうる障害について想定しておき、その対策を怠らないことと同時に、ビジョンに至るまでの旅もまた楽しめるような選択をすることがポイントです。この矛盾するかのような視点を含み、ビジョン実現へのプランを立てます。

　ライフキャリアビジョンは長い旅です。最初の１年目だけは、行動計画までを織り込みます。

進め方

① 　ワークシート「ライフキャリア・プランシート」を配布し、10年後、５年後、１年後の目標を書き、最後に行動計画を記入するように伝えます。「やりがい」の欄には空欄を設けていますので、自分の課題に則したキーワードを入れます。

② 　ライフキャリアは、「生きがい」の観点も重要視します。第１章の『思秋期』自我に目覚める「人生の転換期」の内容（p.2）を解説しながら、準備を怠らないことを訴えます。

③ 　記入を終えたら、ペアで分かち合い、ヒントとなるアドバイスやフィードバックを求め合います。

まとめ

　ビジョンに向かって進んでいくと、さまざまな障害に遭遇します。しかし、あきらめることなく、本当に悩み続けている状態を維持していると、必ずチャンスが巡ってきます。いつもギリギリのところで考えている人は、感性が研ぎすまされているので、幸福の青い鳥が飛んでくるときに、パッとつかまえる力を発揮できるのです。逆に、そうした緊迫感を持っていない人は、チャンスが目の前を通っても、まったく気がつきません。

　キャリア理論で名高いクランボルツは、「同じ偶然でも、好ましい偶然が起きる確率が高い人と、そうでない人がいる。その違いは単に運不運の問題ではなく、日頃から好ましい偶然が起きるような行動をとっている人は、その確率が高くなる。偶然の出来事そのものは本人は支配することがで

106

ライフキャリア・プランシート

《行動計画の立て方》
1) 行動が具体的にイメージできるようにすること
2) 達成の度合い（進捗状況）がわかるように目標を数値化すること
3) 視覚に訴える方法を工夫する（たとえば図やグラフにするなど）
4) いつまでにやるか期限を決める 達成できたら自分にプレゼントを♪

将来ビジョンやイメージ	1年後（　年）年齢（　歳）<ライフキャリアビジョン>		行動計画	期限	5年後（　年）（　歳）<ライフキャリアビジョン>		10年後（　年）年齢（　歳）<ライフキャリアビジョン>	
目標の分野	優先順位	目標	行動計画	期限	優先順位	目標	優先順位	目標
自己研鑽								
リーダーシップ 後進育成 技術伝承 （やりがい）								
ヒューマンネットワーク（人脈づけ）								
健康面（こころとからだ）（生きがい）								
プライベート（家庭・趣味など）								

きないが、起こってほしい偶然の発生確率については、自分の行いにより影響を与えることができ、自らの働きかけ次第で偶然のチャンスを必然化できる。ここに、『計画された偶然性』という一見矛盾した言い方のゆえんがある」と諭しています。

> # チャンスは準備をした者のもとに訪れる
>
> ルイ・パスツール

　自分の目標、自分の方向性がないと、なにかうねりが起こったり、チャンスがあったりしても、気づかないうちに通り過ぎていってしまうのです。

　描いたビジョンがなんであれ、そこに至るまでの旅もまた楽しめるような選択をすべきです。なぜなら、人生とは、すなわち旅なのですから。

　私たちは、ゴールで賞賛される自分の姿を夢想するだけでなく、そこに至る道を楽しむ自分の姿も想像する必要があります。

　これまでの経験で気づいていることだと思いますが、ほしいものを“持っている”よりも、ほしいものを“手に入れる”過程の方が何倍も楽しく、満足感も大きいのです。

　充実したキャリアを歩む秘訣は、ビジョンや目標だけではなく、その過程も大切にすることです。そして、失敗とは、その過程で努力をやめてしまうことです。

　哲学者のアンリ・フレデリック・アミエルは、「決心する前に、完全に見通しをつけようとする者は決心できない」と述べています。完全な見通しではなく、通過点や起こりうる障害を事前に想定し、その間は旅を楽しむことがコツなのではないでしょうか。

　昔のように特定のロールモデルに従っていればよい時代ではなくなり、あらゆる自己像の選択肢が大きく広がる時代には、実験を通して、なにが自分にとってうまくいくのか、自分がなにを楽しく感じ、なにに価値を見出すのか、なにが自分という人間と共鳴するのかを知る必要があります。実験は若者だけに限りません。あらゆる年齢層の人にとってきわめて大きな意味を持ちます。

　私たちを次のステージに導き、どのように移行を成し遂げればいいかを明らかにするのは実験です。実験と探求は、人生を貫く要素の一部を成すものです。

『トランジション』の著者ウィリアム・ブリッジスは、「多くの人が、スタートのことばかりに意識が向き、一体"何を終わらせるか"の意識が乏しい」と説いています。

過去に成功したやり方や考え方にとらわれ、現実に適応できない結果に陥ってしまっていることはないでしょうか。そのためには、「なにを終わらせ、なにをスタートさせるか」、その問いかけに真摯に応え、試行を重ねることなのかもしれません。

自分についての知識と多様性に富んだ人的ネットワークは、キャリアの転機時などに、変身の基盤をつくります。しかし、変身資産にダイナミズムをもたらすのは、なんといっても実際の行動（汗をかくこと）です。過去に例のない大胆な解決策を受け入れる姿勢、古い常識ややり方に疑問を投げかけることをいとわない姿勢、画一的な生き方に異を唱え、人生のさまざまな要素を統合できる新しい生き方を実験する姿勢を持っていなくてはなりません。ほかの人たちの生き方と働き方に興味を持ち、新しいことを試すときにつきものの曖昧さを嫌わない姿勢なども必要です。

私たちの日常生活の多くは、決まった行動パターンで構成されています。決まった行動を日々繰り返しているのがほとんどの人の日常です。そうした習慣の重要性は無視できません。それがあるからこそ、生活とアイデンティティが形を成し、仕事に取り組む環境を整えられるからです。

変身の過程では、そうした行動パターンが脅かされ、私たちはしばしば不安にさいなまれます。不安は心地よいものではないのですが、適応を促し、新しいやり方を受け入れる背中を押してくれる場合があります。

「あなたは新たになにを始めますか？」

マーク・トゥエインは、「20年後には、実際にしたことよりも、しなかったことを後悔することになるだろう。いまこそ、安全な港から旅立て。自らの帆で冒険せよ。夢を抱き、探求するのだ」と述べています。

さあ、安全な港から旅立ち、夢を、ビジョンを探求しましょう。

文献

- アダム・カヘン（著）由佐美加子（監訳）東出顕子（訳）『未来を変えるためにほんとうに必要なこと―最善の道を見出す技術―』（英治出版、2010）
- 相田みつを（著）『にんげんだもの』（文化出版局、1984）
- ダニエル・レビンソン（著）南博（訳）『ライフサイクルの心理学〈上〉』（講談社、1992）
- ダニエル・カーネマン（著）村井章子（訳）『ファスト＆スロー（上）あなたの意思はどのように決まるか？』（早川書房、2014）
- Donald E. Super, Sverko, B.,Charles M. Super *Life Roles, Values, and Careers: International Findings of the Work Importance Study*. Jossey-Bass Publishers. (1995)
- エドガー・H・シャイン（著）二村敏子／三善勝代（訳）『キャリア・ダイナミクス―キャリアとは、生涯を通しての人間の生き方・表現である―』（白桃書房、1991）
- 遠藤周作（編）鈴木秀子（監修）『人生には何ひとつ無駄なものはない』（朝日新聞出版、2005）
- 榎本博明（著）『〈ほんとうの自分〉のつくり方』（講談社現代新書、2002）
- エーリッヒ・フロム（著）佐野哲郎（訳）『生きるということ』（紀伊國屋書店、1977）
- E・H・エリクソン（著）西平直／中島由恵（訳）『アイデンティティとライフサイクル』（誠信書房、2011）
- E・H・エリクソン＆J・M・エリクソン（著）村瀬孝雄／近藤邦夫（訳）『ライフサイクル、その完結　増補版』（みすず書房、2001）
- 玄田有史（著）『希望のつくり方』（岩波書店、2010）
- アンリ・F・アミエル（著）河野与一（訳）『アミエルの日記』（岩波書店、1972）
- 飯田史彦（著）『生きがいの本質―私たちは、なぜ生きているのか―』（PHP研究所、2001）
- 稲盛和夫（著）『生き方―人間として一番大切なこと―』（サンマーク出版、2004）
- ジッドゥ・クリシュナムルティ（著）藤仲孝司（訳）『子供たちとの対話―考えてごらん―』（平河出版社、1992）
- J・D・クランボルツ／A・S・レヴィン（著）花田光世／大木紀子／宮地夕紀子（訳）『その幸運は偶然ではないんです！―夢の仕事をつかむ心の練習問題―』（ダイヤモンド社、2005）
- ジョン・P・ホームズ／カリン・バジ（編）ディスカヴァー21編集部（訳）『世界一の毒舌家マーク・トゥエイン150の言葉』（ディスカヴァー・トゥエンティワン、1999）
- ジョシュア・ハルバースタム（著）桜田直美（訳）『人は仕事を通じて幸福になる』（ディスカヴァー・トゥエンティワン、2003）
- 神谷美恵子（著）『神谷美恵子著作集〈1〉生きがいについて』（みすず書房、1980）
- 神谷美恵子（著）『神谷美恵子著作集〈2〉人間をみつめて』（みすず書房、1980）
- 神谷美恵子（著）『神谷美恵子著作集〈5〉旅の手帖より―エッセイ集1』（みすず書房、1981）
- 金井篤子（著）『キャリア・ストレスに関する研究―組織内キャリア開発の視点からのメンタルヘルスへの接近―』（風間書房、2000）
- サトシ・カナザワ（著）金井啓太（訳）『知能のパラドックス』（PHP研究所、2015）

- 河合隼雄（著）『ユング心理学入門』（培風館、1967）
- 河合隼雄（著）『河合隼雄の幸福論』（PHP研究所、2014）
- 河合秀和（著）『チャーチル―イギリス現代史を転換させた一人の政治家―増補版』（中央公論社、1998）
- 小林司（著）『「生きがい」とは何か―自己実現へのみち―』（NHK出版、1989）
- 黒木賢一（著）『〈自分発見〉ワークブック―記入式・隠された「わたし」に出会う本―』（洋泉社、1996）
- 畔柳修（著）『キャリアデザイン研修 実践ワークブック―若手・中堅社員の成長のために―』（金子書房、2013）
- 畔柳修（著）『キャリアの成幸者―新しい眼で自分を見つめ直す―』Kindle版（日本コアパーソン支援ネットワーク、2016）
- 畔柳修（著）『幸せサプリ―幸せな習慣づくり―』Kindle版（日本コアパーソン支援ネットワーク、2016）
- Levin, D. Z., Walter, J. & Murnighan, J. K. The Power of Reconnection: How Dormant Ties Can Surprise You. *MIT Sloan Management Review*, 52, 45-50 (2011)
- リンダ・グラットン（著）池村千秋（訳）『ワーク・シフト―孤独と貧困から自由になる働き方の未来図―』（プレジデント社、2012）
- リンダ・グラットン／アンドリュー・スコット（著）池村千秋（訳）『LIFE SHIFT（ライフ・シフト）―100年時代の人生戦略―』（東洋経済新報社、2016）
- マーク・グラノヴェター（著）渡辺深（訳）『転職―ネットワークとキャリアの研究―』（ミネルヴァ書房、1998）
- 三木清（著）『人生論ノート』（新潮社、1954）
- 宮城まり子（著）「人生９０年時代のライフキャリアデザイン―自立への準備とクオリティー・オブ・ライフ―」『クォータリー生活福祉研究』通巻58号 Vol.15 №.2（2006）
- 森信三（著）『人生二度なし』（致知出版社、1998）
- ナンシー・K・シュロスバーグ（著）武田圭太／立野了嗣（訳）『「選職社会」転機を活かせ―自己分析手法と転機成功事例33―』（日本マンパワー出版、2000）
- 全米キャリア発達学会（著）仙﨑武・下村英雄（編訳）『D・E・スーパーの生涯と理論―キャリアガイダンス・カウンセリングの世界的泰斗のすべて―』（図書文化社、2013）
- 小川洋子／河合隼雄（著）『生きるとは、自分の物語をつくること』（新潮社、2011）
- 岡本祐子（著）『中年からのアイデンティティ発達の心理学』（ナカニシヤ出版、1997）
- 岡本祐子（著）「中年のアイデンティティ危機をキャリア発達に生かす―個としての自分・かかわりの中での自分―」『Finansurance』通巻40号 Vol.10 №.4（2013）
- ピーター・F・ドラッカー（著）ジョゼフ・A・マチャレロ（編）上田惇生（訳）『ドラッカー 365の金言』（ダイヤモンド社、2005）
- ピーター・M・センゲ（著）守部信之（訳）『最強組織の法則―新時代のチームワークとは何か―（徳間書店、1995）
- リチャード・J・ライダー／ディビッド・A・サピーロ（著）日本ウィルソン・ラーニング（監修）枝廣淳子（訳）『人生に必要な荷物 いらない荷物』（サンマーク出版、1995）

- ルソー（著）青柳瑞穂（訳）『孤独な散歩者の夢想』（新潮社、2006）
- 白石浩一（著）『生きがいの心理学―ほんとうの自分を生きるには―』（海竜社、1993）
- セーレン・キルケゴール（著）桝田啓三郎（責任編集）杉山好（訳）『世界の名著 51 キルケゴール』（中央公論社、1979）
- 杉浦健（著）『スポーツ心理学者が教える「働く意味」の見つけ方』（近代セールス社、2009）
- サニー・S・ハンセン（著）平木典子／今野能志／平和俊／横山哲夫（監訳）乙須敏紀（訳）『キャリア開発と統合的ライフ・プランニング―不確実な今を生きる 6 つの重要課題―』（福村出版、2013）
- 髙橋昌義（著）『パスツール―人類を病原体から救った偉人―』（講談社、2010）
- 竹田青嗣（著）『ニーチェ入門』（筑摩書房、1994）
- 立石一真（著）『人を幸せにする人が幸せになる―人間尊重の経営を求めて―』（PHP研究所、1990）
- 上田吉一（著）『自己実現の心理』（誠信書房、1981）
- 上田吉一（著）『人間の完成―マスロー心理学研究―』（誠信書房、1988）
- ヴィクトール・E・フランクル（著）霜山徳爾（訳）『夜と霧―ドイツ強制収容所の体験記録―』（みすず書房、1985）
- ヴィクトール・E・フランクル（著）山田邦男／松田美佳（訳）『それでも人生にイエスと言う』（春秋社、1993）
- ヴィクトール・E・フランクル（著）山田邦男／松田美佳（訳）『宿命を超えて、自己を超えて』（春秋社、1997）
- ウォルト・ディズニー（著）『ウォルト・ディズニーの言葉―今、我々は夢がかなえられる世界に生きている―』（ぴあ、2012）
- 渡辺和子（著）『信じる「愛」を持っていますか―出会い、夢、そして憧れ―』（PHP研究所、1981）
- 渡辺三枝子／E・L・ハー（著）『キャリアカウンセリング入門―人と仕事の橋渡し―』（ナカニシヤ出版、2001）
- 渡辺三枝子（編著）『新版 キャリアの心理学―キャリア支援への発達的アプローチ―』（ナカニシヤ出版、2007）
- ウィリアム・ブリッジズ（著）倉光修／小林哲郎（訳）『トランジション―人生の転機を活かすために―』（パンローリング、2014）
- 山本直人（著）『グッドキャリア―キャリアがブランドになる時―』（東洋経済新報社、2004）
- 山本紹之介（著）『言葉の散歩道』（JDC、1988）
- 山本紹之介（著）『やる気が育つ「教育のヒント」』（講談社、1997）
- 『夢をつかむイチロー 262のメッセージ』編集委員会（著）『夢をつかむイチロー 262のメッセージ』（ぴあ、2005）

おわりに

次のような逸話があります。

神さまが、人々の集まっているところに姿を現され「みなさんに、いま一度の人生を差し上げたいと思いますが、希望される人は手を挙げてください」と問いかけました。

人々は残らず手を挙げると、神さまはにっこり微笑んで、こう言いました。

「約束いたしましょう。ただわたしがみなさんにお約束するいま一度の人生は、あなたがたが歩んできた一生とまったく同じものです。それでもかまわない人は、もう一度手を挙げてください」

……今度はお互いに顔を見合せながら、希望した人は1人もいませんでした。

この話は、たった1回の尊い人生に、お互いに悔いがあったことを物語っています。

不確実な時代、変化のスピードが激しい時代。一度立てたキャリア設計も時間の経過の中で修正を必要とします。誰のキャリアゴールも決して固定的ではありません。絶えずその目標に到達しようとするプロセス、流れの中に、私たちの発達と成長が生まれます。

ある人が素晴らしい生き方をしています。生きがいのある生き方をしています。それが他者の人にとって生きがいになります。生きがいがまた新しい生きがいの芽になるのです。生きがいを摘み取ることなく、「生きがい」という花を共に咲かせる存在でありましょう。

本書は、『キャリアデザイン研修 実践ワークブック―若手・中堅社員の成長のために―』の第2弾として執筆させていただきました。筆者自身、ライフキャリアにもがく年代でもあり、自分を励ます、背中を押す、もう一度、ネジを巻く、そんな意味合いも込めて、執筆しました。

悔いを残しやすい人生だからこそ、"いまここ"を大切にして、もう一度、同じ人生を送りたいと思える素晴らしい日々を送りたいものです。

読者のみなさまにお礼申し上げます。拙い文章にもかかわらず、ここまで読み進めてくださり、ありがとうございました。

前著同様、素晴らしい出来栄えに編集をしてくださった編集部長の井上誠様、編集部の池内邦子

様をはじめ、金子書房のみなさまの支えで仕上げることができました。こころより感謝申し上げます。

　執筆にあたり、妻からはいつもあたたかな励ましをもらっています。いつもいつも本当にありがとう。

　17年間、懸命に介護をさせてくれた大好きな父、本書は亡き父の墓前で、父と対話するような形で書き綴らせていただきました。亡き父と一緒に書かせていただいている……そんな感覚を伴いながら、父 畔柳光春に捧げたいと思います。　　　　　　　　　　　　　　　　　　　　　感謝

本文イラスト──寺崎　愛

本文DTP──桜井　淳

著者プロフィール

畔柳 修 (くろやなぎ おさむ)
『ライフデザイン研究所』 所長

1965年1月愛知県生まれ。
大学卒業後、広告代理店、経営コンサルタント会社を経て『ライフデザイン研究所』を設立。
独立当初より、行動科学、Transactional Analysis、アサーティブ、ゲシュタルト療法、ポジティブ心理学、認知行動療法、ブリーフ・セラピー、システムズ・アプローチなどを精力的に学び、人材開発や組織開発に応用する。

ライフデザイン研究所では、「経営コンサルティング／組織開発」「人材開発／研修セミナー」「ストレスチェック／ EAP メンタルヘルス」「キャリア＆心理カウンセリング」の4つサービスを軸に『個人の輝きと職場の活性化』の実現に向けて、精力的に活動をしている。

1998年から5年間、カウンセリング・ルーム『リフレーム』を開設し、うつ病やパニック障害などのカウンセリングを行う。
2005年『メンタルヘルスケア研究所』を設立し、個人のこころとからだの健康と組織の活性化のサポートを展開。ストレスチェック（『こころの健康診断』）をはじめ各種のEAPサービスを展開するとともに、"治すためのメンタルヘルスから、予防し高めるためのメンタルヘルス"の啓蒙を積極的に展開。
2007年に『メンタルヘルスケア研究所』を『ライフデザイン研究所』に統合。

経営コンサルティングでは、ポジティブアプローチによる組織の活性化を支援。企業理念、経営ビジョン、戦略的中期経営計画などの策定や人事施策の改訂など、人と仕組みの両面から、「企業とは、人が幸せになるところ」というコンシャス経営の実現に向けて、尽力し続けている。
エグゼクティブのためのコーチング、カウンセリングも精力的に担当し、リーダーを育成し続けている。さらに、中堅大企業の人材開発部門のアウトソースを引き受け、人材開発や評価・改訂などの企画から運営を担っている。

人材開発では、キャリアデザインをはじめ、リーダーシップ／レジリエンス／ポジティブ心理学／メンタル・コーチング／モチベーション／戦略思考／ソリューション・フォーカス／ Transactional Analysis ／ NLP ／アサーティブ／階層別研修　など数多くのテーマを担当している。
最近では講師の育成にも携わっており、自身が積み上げたノウハウを提供しながら、マンツーマンによるトレーニングやコーチングを提供している。

【著書】
『幸せサプリ―幸せな習慣づくり―』『キャリアの成幸者―新しい眼で自分を見つめ直す―』『ストレスサプリ―あなたがあなたでいるために―』『アサーティブ・エクササイズ』『コミュニケーション基本の"き"』(Kindle版)
『メンタルヘルス 実践ワーク―生産性と人間性を織り成す企業づくり―』『メンタルヘルスに活かすＴＡ実践ワーク』『キャリアデザイン研修 実践ワークブック―若手・中堅社員の成長のために―』『職場に活かすＴＡ〔交流分析〕実践ワーク―人材育成、企業研修のための25のワーク―』(金子書房)
『最新版「言いたいことが言えない人」のための本 ―ビジネスではアサーティブに話そう！―』『上司・リーダーのためのメンタルヘルス ―うつにならない職場づくり―』(同文舘出版)
『キャリアの成幸者―新しい眼で自分を見つめ直す―』(株式会社日本コアパーソン支援ネットワーク)
『こころの健康ワークブック ―ストレスと上手につき合う認知行動心理学―』『気分爽快！ストレス知らずハンドブック』
『アサーティブ仕事術―気持ちが伝わる！意見が通る！―』(PHP研究所)
『新版TEG2活用事例集』(共著 金子書房)、など多数。

コンサルティングや講演＆研修セミナーなど、お気軽にお問い合わせください。
お問い合わせ先：info@e-eap.com
『ライフデザイン研究所』http://e-eap.com

研修ツール販売のご案内
上記まで、お問い合わせください♪

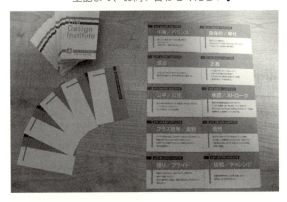

≪価値観カード≫
115種類の価値観（解説付き）＋白紙５枚が名刺サイズのカードとなって１箱にまとめられています。キャリアデザインはもちろんのこと、リーダーシップやモチベーションなどの研修や組織変革におけるポジティブアプローチのワークショップなど、幅広くご活用いただけます。

≪研修テキストデータ≫
キャリアデザイン、リーダーシップ、メンタルヘルス、コーチング、Transactional Analysis（交流分析）、モチベーションなど、多くの研修テキストをデータにてお譲りしています。
詳しくは、http://e-eap.com/tooltext/index.shtml をご覧ください。

ライフキャリアデザイン研修　実践ワーク集
──リーダー層が輝く働き方・生き方設計

2018年6月26日　初版第1刷発行

著　者　畔柳　修
発行者　金子紀子
発行所　株式会社　金子書房
　　　　〒112-0012　東京都文京区大塚3-3-7
　　　　電話　03（3941）0111（代）　FAX　03（3941）0163
　　　　振替　00180-9-103376
　　　　ホームページ　http://www.kanekoshobo.co.jp
印　刷　藤原印刷株式会社　　製　本　株式会社宮製本所

©Osamu Kuroyanagi 2018
ISBN978-4-7608-3826-4　C3011
Printed in Japan

キャリアデザイン研修
実践ワークブック
――若手・中堅社員の成長のために

畔柳　修・著
B5判　128頁　定価　本体2,500円＋税

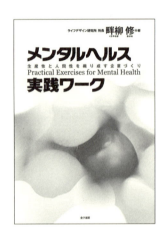

メンタルヘルス実践ワーク
――生産性と人間性を織り成す企業づくり

畔柳　修・著
B5判　166頁　定価　本体2,500円＋税

メンタルヘルスに活かす
ＴＡ実践ワーク

畔柳　修・著
B5判　236頁　定価　本体3,000円＋税